金融商品取引法への

Introduction to Japanese Securities Regulation

川口恭弘 著

誘（いざな）い

有斐閣

はしがき

　本書は，これから金融商品取引法を学ぼうとする読者のための入門書である。金融商品取引法の重要性が高まるにつれて，研究者や実務家による体系書や解説書が数多く出版されるようになった。もっとも，金融商品取引法は条文数も多く，詳細が政令や内閣府令に委ねられており，これらには技術的な規定も多い。また，内容も多岐にわたり，全体像を理解することは容易ではない。しかも，毎年のように改正が行われ，その都度，新しい内容が追加される。そのため，金融商品取引法を学ぼうとしても，その手がかりさえつかめず，立ち止まる人も少なくないのではないか。本書は，このような読者を念頭に，金融商品取引法の世界への「門をくぐる」手助けをするためのものである。

　最初に，本書は，金融商品取引法の内容を概説するものではないことをお断りしておきたい。金融商品取引法の面白さを読者に伝え，学びの第一歩として，これに興味をもってもらうことを主眼としている。そのため，通常の体系書などと異なり，序章に続き，第1章を「不公正取引の規制」として，なかでも比較的馴染みやすいテーマであるインサイダー取引から話を始めることにした。また，各章の内容に応じて，記述の仕方，題材を変えるなどの工夫をした。たとえば，第1章では，図式化した簡潔な例を使用し，第2章では，架空のストーリーのなかで規制を説明した（そこで登場する「同志社物産株式会社」なども当然実在のものではない）。さらに，第3章では，実務を身近に感じてもらえるように実例を多用し，第4章では，規制の必要性を浮き彫りにするため，その沿革を重視した。加えて，

本書では，規制内容を網羅的に取り上げることはせず，ポイントを絞って，かつ平易に解説することを心掛けた。他方で，取り上げた規制については，「なぜその規制が存在するのか」という規制の趣旨（背景）を明らかにすることに重点を置いた。視覚的にも読みやすいものとするため，多くの図や統計を利用している。

　本書は，その名の通り，読者を金融商品取引法の世界に「誘う」（いざなう）ものである。本書を契機（きっかけ）に，金融商品取引法の世界の訪問者が少しでも増えれば，これに越した喜びはない。

川 口　恭 弘

目　次

はしがき

序章　金融商品取引法とは ………………………………………… *1*

1　金融商品取引法の沿革　*1*
(1) ルーツはアメリカ法　*1*　　(2) 証券取引法から金融商品取引法へ　*2*

2　金融商品取引法の意義　*3*
(1) シマ・ムラの法律から国民の法律へ　*3*　　(2) 規制の柱　*4*

3　金融商品取引法のエンフォースメント　*8*
(1) エンフォースの機関　*8*　　(2) エンフォースの手段　*11*

4　金融商品取引法の特徴　*14*

第 1 章　不公正取引の規制 ……………………………………… *19*

1　インサイダー取引　*19*
(1) インサイダー取引とは　*19*　　(2) インサイダー取引規制の根拠　*23*　　(3) インサイダー取引規制の特徴　*26*　　(4) インサイダー取引規制の概要　*30*　　(5) 情報受領者と情報伝達者の規制　*38*　　(6) 適用除外　*40*

2　相場操縦　*42*
(1) 相場操縦とは　*42*　　(2) 相場操縦の方法　*44*　　(3) 相場操縦規制の概要　*50*　　(4) 偽計取引　*53*　　(5) 大量推奨販売・作為的相場形成　*54*

第 2 章　企業買収に関する規制 ………………………………… *57*

1　企業買収の意義　*57*
(1) 企業買収の方法　*57*　　(2) 敵対的買収は悪か　*60*

iii

2 公開買付け　*62*

　⑴　公開買付けとは　*62*　　⑵　強制的公開買付け　*64*　　⑶
開示規制　*69*　　⑷　取引規制　*73*　　⑸　公開買付けの強圧性
78　　⑹　経営陣による公開買付け　*80*

3 大量保有報告　*83*

　⑴　大量保有報告とは　*83*　　⑵　大量保有者　*85*　　⑶　変更
報告書　*88*　　⑷　機関投資家の特例報告　*90*

第3章　開示（ディスクロージャー）の規制 ……………… *93*

1 ディスクロージャーの意義　*93*

　⑴　ディスクロージャーの必要性　*93*　　⑵　ディスクロージャ
ーの種類と方法　*97*

2 流通市場での開示　*98*

　⑴　有価証券報告書・四半期報告書　*98*　　⑵　臨時報告書
106　　⑶　適時開示　*107*

3 発行市場での開示　*110*

　⑴　株式の発行形態　*110*　　⑵　募集と私募　*112*　　⑶　売出
しと私売出し　*114*　　⑷　募集・売出しの届出　*117*　　⑸　目
論見書の交付　*121*

4 ディスクロージャーの実効性の確保　*123*

　⑴　監査証明　*123*　　⑵　内部統制　*124*　　⑶　開示書類の虚
偽記載に関する責任　*127*

第4章　業者の規制 ……………………………………… *137*

1 業者規制の意義　*137*

　⑴　金融の意義と金融機関の役割　*137*　　⑵　金融サービス法と
投資サービス法　*141*　　⑶　金融商品取引業の参入規制　*144*
　⑷　銀行・証券の分離　*149*　　⑸　金融商品仲介業　*158*　　⑹
ファンドの規制　*160*

2 投資勧誘規制　*166*

　⑴　投資者の「自己責任の原則」と業者の「誠実公正の原則」

166 （2） 適合性の原則 *168* （3） 説明義務 *172* （4） 不
当勧誘の禁止 *176*

3 顧客財産の保護 *181*

4 紛争解決手段 *183*

終章　金融商品取引法とは（再論） ································· *187*

1 目的規定から見た金融商品取引法の意義 *187*

2 広義の会社法 *190*

3 「貯蓄から投資へ」の流れ *194*

あとがき *195* ／ 索　引 *197*

[コラム目次]

Column 1　金融商品取引法上の有価証券（その1）――株式　*22*
Column 2　リーク記事の報道と「公表」　*36*
Column 3　金融商品取引法上の有価証券（その2）――社債　*46*
Column 4　取引所における取引　*48*
Column 5　株券等所有割合の計算方法　*66*
Column 6　公開買付規制の脱法的行為　*67*
Column 7　公開買付けの競合(TOB合戦)と対象会社による意見表明　*71*
Column 8　ディスカウント TOB　*76*
Column 9　ROE（自己資本利益率）　*81*
Column 10　企業買収と委任状の勧誘　*85*
Column 11　株券等保有割合の計算方法　*87*
Column 12　フェア・ディスクロージャー・ルール　*96*
Column 13　継続開示が要求される発行者　*99*
Column 14　コーポレートガバナンス・コード　*103*
Column 15　上場会社の第三者割当と「募集」　*113*
Column 16　発行開示と継続開示の統合　*120*
Column 17　投資信託に関する目論見書　*122*
Column 18　「公表日」の意義　*132*

Column 19	発行開示書類に虚偽記載があった場合の会社の責任	*132*
Column 20	上場廃止処分の是非 *134*	
Column 21	金融商品取引所の手数料の自由化 *147*	
Column 22	ファイアー・ウォール *155*	
Column 23	日経平均株価と TOPIX *162*	
Column 24	プロ向けのファンド *165*	
Column 25	プロの投資家 *167*	
Column 26	デリバティブ取引 *169*	
Column 27	金融商品販売法上の説明義務 *174*	
Column 28	広告の規制 *180*	
Column 29	金融商品取引法と会社法のコラボレーション *193*	

※本書中，金融商品取引法に関連する政令・内閣府令につき，以下の略語を用いている。

金商令	金融商品取引法施行令
企業内容開示府令	企業内容等の開示に関する内閣府令
金商業等府令	金融商品取引業等に関する内閣府令
公開買付開示府令	発行者以外の者による株券等の公開買付けの開示に関する内閣府令
大量保有府令	株券等の大量保有の状況の開示に関する内閣府令
定義府令	金融商品取引法第2条に規定する定義に関する内閣府令
取引規制府令	有価証券の取引等の規制に関する内閣府令

> 本書のコピー，スキャン，デジタル化等の無断複製は著作権法上での例外を除き禁じられています。本書を代行業者等の第三者に依頼してスキャンやデジタル化することは，たとえ個人や家庭内での利用でも著作権法違反です。

序章　金融商品取引法とは

1　金融商品取引法の沿革

⑴　ルーツはアメリカ法

　金融商品取引法の前身である**証券取引法**は 1948（昭和 23）年に制定された。その当時，日本は，第二次世界大戦後の GHQ（連合国軍最高指令官総司令部）による占領下にあった。そのため，この時代に制定された法律の多くはアメリカ法の影響を受けている。証券取引法もその例外ではない。証券取引法は，**1933 年証券法**（Securities Act of 1933）および **1934 年証券取引所法**（Securities Exchange Act of 1934）といったアメリカで証券規制を定める一連の法律を参考に制定された。

　アメリカの証券規制は，当初，各州が定める法律（州法）のみによって行われていた。当時の証券業者は，放置しておくと，青空まで区分して顧客に売り付けてしまうことから，皮肉を込めて「青空商人」と言われていた。このような青空商人を規制する必要があり，そのための州法は「**青空法**」（blue sky law）と呼ばれていた。

　1987 年 10 月 19 日（月曜日）に，ニューヨーク証券取引所で，史上最大規模の株価暴落が発生し，それには「**暗黒の月曜日**」（Black Monday）という名がつけられた。日本にも影響が及び，日経平均株価は 15% 近くも下落した。実は，「暗黒の月曜日」は，1929 年 10 月 24 日（木曜日）に発生した同取引所での株価急落に伴う大混乱「**暗黒の木曜日**」（Black Thursday）という呼び名に倣ってつけら

れたものであった。この株価下落は，大恐慌の引き金となり，その後の世界的不況を招いたことで知られている。

アメリカでは，1930年代に入り，1920年代の証券市場に関する調査が行われ，多くの不正行為がなされていた事実が明らかにされた。そこでは，株価を釣り上げる株価操作や，虚偽の情報により証券を売り付ける詐欺的な行為が横行していた。従来の州法での規制は，州境を超えた取引には適用ができない点で，これらの行為を防止するにはまったく不十分なものであった。このままでは，投資者の信頼を失うことを懸念した連邦政府は，連邦レベルでの証券規制の導入に踏み切った。上記の1933年証券法および1934年証券取引所法はその成果である。ここで中心に置かれた理念が，詐欺的行為を禁圧するとともに，証券の発行者による情報開示（ディスクロージャー）を徹底させるというものであった。証券市場の発展には一般投資家による取引が不可欠で，適切な情報開示は，そのための制度的基盤であると位置付けされることとなったのである。

(2) 証券取引法から金融商品取引法へ

前述のように，日本の証券取引法は，アメリカ法を参考に制定されたものである。それまでも，日本には，証券規制として，取引所に関する法律は存在していた（取引所法など）。しかし，これらは取引所の運営に関する法律に過ぎなかった。証券取引法では，アメリカ法に倣い，情報開示による**投資者保護**という新しい考え方が中心に据えられたことが注目される。第二次世界大戦後，GHQの主導のもと財閥解体が行われたことはよく知られている。そこでは，財閥企業などは保有する他の会社の株式を手放すことを余儀なくされた。その受け皿は一般国民であった（このような動きを，「**証券の民主化**」と呼ぶこともある）。一般国民に投資家として株式を保有させるため

には，投資者保護を目的とする証券取引法の制定が不可欠であった。

　その後，証券取引法は，頻繁に改正された。当初は，アメリカ法を継受しただけの規定が日本の実情に合わず，それを修正するための改正が行われた。さらに，日本経済と証券市場の発展に伴い，それを支える証券取引法の重要性はますます高まり，法改正の頻度も増加した。そして，2006（平成18）年に，証券取引法は金融商品取引法に改組された。証券取引法は，文字通り，「証券」の取引に関する法律である。これに対して，法律名が金融商品取引法と改められたのは，証券取引以外のデリバティブ取引なども規制対象としたことが理由である。証券取引法は，**「証取法」**と略されることが多かった。金融商品取引法については，「金取法」ではなく**「金商法」**という略称が定着している。英語の名称は「Financial Instruments and Exchange Act」が使用されている。

　証券取引法が金融商品取引法に改組された前年には，「会社法」も制定されている。会社法は，従来の商法などの規定をもとに，「平成17年7月26日法律86号」として新たに制定された。これに対して，金融商品取引法は，証券取引法の条文を基本的に引き継ぎ，これらに新たな規制を付け加える形で定められた。このため，金融商品取引法は，名称は変更されたものの，現在でも，証券取引法と同様に「昭和23年4月13日法律25号」として存在している。

2　金融商品取引法の意義

(1) シマ・ムラの法律から国民の法律へ

　証券取引法が投資者保護を目的に制定されたことは疑いがない事実である。もっとも，同法が制定された当初，一般国民による証券投資は現在ほど盛んではなく，これは兜町や北浜のための法律という認識が強かった（神崎克郎＝志谷匡史＝川口恭弘著『証券取引法』〔青

林書院，2006 年〕「はしがき」参照）。兜町は，平将門の兜を埋めたという伝承がある東京都中央区日本橋の一角を指し，東京証券取引所や多くの証券会社が集まる日本を代表する金融街である（「シマ」と呼ばれることもあった）。また，北浜は，大阪市中央区の町名で，大阪証券取引所（現在の大阪取引所）を中心とした金融街である（「ムラ」と呼ばれることもあった）。要するに，証券取引法は，一般には，証券取引所や証券業者，さらに，そこで取引をする少数の投資家（投機家）を規律する法律と考えられていた時代があった。

　しかし，その後，日本経済の成長とともに，証券市場が飛躍的に発展した。企業が資金調達を行う上で，証券発行は極めて重要な手段の一つとなった。さらに，余剰資金を運用する企業や経済発展の恩恵を受けて豊かになった国民にとって，証券投資は，資産運用の手段として重要な地位を占めるようになった。金融商品取引法は，これらの取引を公正かつ円滑に行わせるために不可欠な法律である。また，公正な取引による証券の価格形成は一国の経済にとって重要な意義を有する。これらのことから，金融商品取引法は，国民経済的に重要な法律の一つと言える。

(2)　規制の柱

　金融商品取引法にはいくつかの柱がある。まず，第一の柱は「情報開示の規制」である。投資者を保護する方法として，投資者にとって投資リスクの高い証券の発行を認めないというものがある（規制主義）。たとえば，政府が，一定の基準を設け，それに達しない会社による証券の発行を禁止するということが考えられる。投資者の保護のために，会社にとって債務である社債の発行に必ず担保を要求するもの（有担原則）もその一つと言える。このような規制主義は，投資リスクを自己で負担する能力がない投資者が多い場合に

■発行市場と流通市場

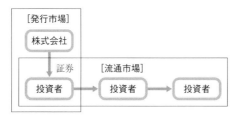

は有用である。しかし，詐欺的な証券の発行は別として，本来的には，投資リスクは投資者が自分で判断すべきものである（**自己責任の原則**）。他方で，投資者に自己責任を要求するには，その前提として，投資者に十分な情報開示がなされていることが必要である。そこで，金融商品取引法は，正確かつ迅速な情報開示を前提として，投資者が自己責任で投資を行うシステムを定めている。

　第二の柱は「業者の規制」である。投資者の取引は業者（一般には証券会社と言われるが，法律上は「**金融商品取引業者**」とされている）を介して行われることが多い。金融商品取引法は業者の参入規制として登録制を採用している。また，経営の健全性を維持するための規制，さらに，投資者を保護するため，投資勧誘や取引についての規制を定めている。このように，金融商品取引法は，金融商品取引業者に対する**業法**の役割を担っている。日本では，銀行は銀行法，保険会社は保険業法による規制を受ける。このように，金融業に携わる業者については，基本的に，業種ごとの縦割りの規制が行われている。

　第三の柱は「市場の規制」である。証券市場には，**発行市場**と**流通市場**とがある。企業が証券の発行により資金調達を行う「場」が発行市場である。「市場」というものの，流通市場における取引所のような物理的な場所があるわけではない。他方で，発行市場で資

序章　金融商品取引法とは

金調達をするためには，実際上，流通市場がなければ難しい。証券の一つである株式については，会社法はその譲渡が自由にできると規定している（会社法127条）。しかし，現実には，株主が株式の買い手を探すことは容易ではない。また，株式の買い手も売り手を見つけることは同様に難しい。流通市場は，既発行証券に関する売り手と買い手を繋ぐ場として，重要な意義を有している。

このように，証券市場は，株式などの証券の発行による企業の資金調達や投資者の証券の売買に極めて重要な意義を有するものである。流通市場の中心に位置するのが取引所（**金融商品取引所**）である。取引所での取引が公正かつ円滑になされるために，金融商品取引法は，金融商品取引所の組織や取引についての規制を定めている。

金融商品取引所における取引は，主として取引所による**自主規制**に委ねられている。「自主規制」という用語は，業界が自主的に自らの行為を制限するという意味で使われることがある。たとえば，自動車業界が，貿易摩擦を懸念して，自ら海外輸出量に一定の制限を設けることなどがその代表例である。米の生産者が，供給過剰による値下がりを心配して，全体の生産高を調整するのも自主規制の一つである。もっとも，金融商品取引法で使われる「自主規制」は，これらとは異なるものとして存在する。そこでは，「自主規制」は，業者で構成される団体が，法の要請により，その構成員の行為を規律するルールを定め，その遵守を構成員に求めることを意味する。もともと，証券取引所は，証券業者が顧客の注文を持ち寄る場として誕生した。その後，取引所は，証券業者が会員となって設立し，売買のルールを定め，それを監視する役割を担うことになった。このような経緯から，取引所によるルール策定とその監視を自主規制と呼んでいる（現在では，株式会社組織の金融商品取引所も存在し，厳密には，業者により組織されるものではないものも存在する）。金融商品取

6

2 金融商品取引法の意義

■車の両輪

引所における自主規制は、その実施が適切に行われているか否かを規制当局が監視するという形で実施されている。規制当局と自主規制機関との関係については、アメリカ証券取引委員会（SEC）の委員も務めたダグラス判事（W. O. Douglas）のつぎの言葉が有名である。

「それは取引所に主導権を与えるもので、政府は脇役になるというものである。政府はいわば扉の背後にあり、銃口に油を塗り、磨き、弾を込めて、いつでも発射できる準備ができているが、決してそれが使用されることのないように願って銃を構えている」

なお、金融商品取引業者が自らを規制するために組織する団体として**金融商品取引業協会**がある。金融商品取引法上の**認可金融商品取引業協会**として、日本証券業協会が存在する。日本証券業協会は、所属する金融商品取引業者（協会員と呼ばれる）の役職員が遵守すべきルールを規定している。このような形で行われる自主規制は、法令による自主規制とともに「車の両輪」の役割を担っている。

最後に、第四の柱は「不公正取引の禁止」である。この規制は、

7

業者に限らず，取引に参加するすべての投資者が対象となるものである。投資者に自己責任での投資を求めるためには，迅速かつ適切な情報開示とともに，詐欺的な行為に巻き込まれない投資環境を整備することが必要である。金融商品取引法は，包括的な一般規定として，「何人も」「有価証券の売買その他の取引……について，不正の手段，計画又は技巧」をしてはならないと規定している（157条1号）。このほか，同法では，インサイダー取引規制，相場操縦規制など，不正行為について個別の規制を定めている。

3　金融商品取引法のエンフォースメント

(1)　エンフォースの機関

金融商品取引法が定める規制については，それを遵守（エンフォース）させるための監視機関が必要である。同法では，規制の主体となる者（規制の権限を有する者）の多くを「内閣総理大臣」と定めている。これは，金融商品取引法の実際の管轄が金融庁であるところ，同庁は，内閣総理大臣がトップを務める内閣府の外局として設置されていることによる（金融庁設置法2条1項）。金融商品取引法では，内閣総理大臣の権限は，一部を除いて，**金融庁長官**に委任されている（194条の7第1項）。また，日常の取引の監視は，金融庁のもとに置かれる**証券取引等監視委員会**が行っている。

証券取引法の時代，証券行政や法の運用は**大蔵省**が担っていた。「大蔵」（おおくら）の文字は日本書紀にも見られる。それは，諸国からの貢ぎ物などを納める蔵のことで，神のための「齋蔵」（いみくら），朝廷のための「内蔵」（うちくら）と並んで大和朝廷の三蔵（みつくら）の一つとされていた。

1980年代から90年代前半にかけて，日本では，証券会社による証券不祥事が多発し，証券会社を監督すべき大蔵省の対応にも問題

3 金融商品取引法のエンフォースメント

■金融庁の組織と権限

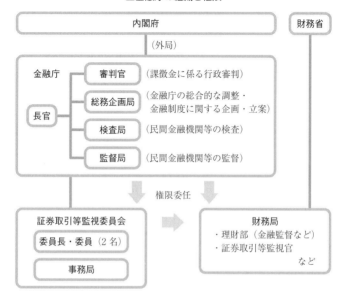

■金融庁の組織改革

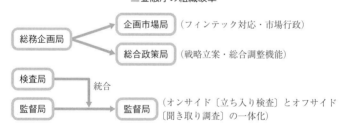

があったのではないかと非難された。そこで，1992（平成4）年に証券市場を監視する機関として証券取引等監視委員会が設けられた。その後，日本における行政機関の大規模な改組があり（中央省庁等改革基本法），2000（平成12）年に内閣府の外局として金融庁が設置

序章　金融商品取引法とは

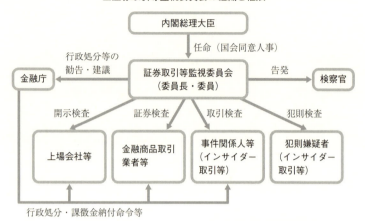

■証券取引等監視委員会の組織と権限

＊証券取引等監視委員会ウェブサイトより

された。証券取引等監視委員会は，金融庁の外局として置かれたが，その後，金融庁の下の行政機関となった。

　証券取引等監視委員会は，発足当初84名の定員であった。その当時，2000名以上のスタッフを擁するアメリカの証券取引委員会と比較して，マンパワーの点で限界を指摘する見解もあった。その後，市場の番人である証券取引等監視委員会の役割が重視されるようになるとともに，次第に，定員増が図られ，2017（平成29）年度には予算定員406名と，発足から四半世紀で，その数は5倍近くに増員されている（日本では財務省の総合出先機関として**財務局**がある。同局は，地方の金融機関等に対する監督などについて金融庁・証券取引等監視委員会から事務の委任を受けている。市場の監視のための人数は，財務局等の人数を合わせると748名となる）。アメリカでは，監視すべき業者の数も多い。そのため，監視対象の業者数から見て，日本の監視体制が，アメリカに比して著しく劣るとまでは言えない。

3　金融商品取引法のエンフォースメント

■刑事告発の実施状況（平成 30 年 3 月末現在）

年　度	4〜21	22	23	24	25	26	27	28	29
合　計	134	8	15	7	3	6	8	7	4
有価証券報告書等の虚偽記載等	30	2	4	0	0	2	3	0	0
風説の流布・偽計	16	1	4	1	1	1	2	2	0
相場操縦・相場固定	20	1	1	0	1	2	1	3	2
インサイダー取引	61	4	6	2	1	1	2	2	2
その他	7	0	0	4	0	0	0	0	0

＊証券取引等監視委員会ウェブサイトより

(2)　エンフォースの手段

　金融商品取引法は，同法が定める一定の規制に違反した場合に，**刑事罰**を定めている。違反者に刑事責任がある場合に，違反者が所属する法人も罰する**両罰規定**も存在する。開示書類の虚偽記載，インサイダー取引，相場操縦などに刑事責任が規定されている。**犯則事件**（金融商品取引法が定める罪〔第 8 章〕のうち，政令で定めるもの）の調査は，証券取引等監視委員会に権限が与えられている（特別調査課が担当する）。証券取引等監視委員会は，調査により犯則の心証を得たときは，検察官に告発しなければならない（226 条）。

　ボール・ゲームにおいて，アンパイヤー（審判）がルールに違反したと判断した場合でも，それを止めさせる力がなければ，ルール遵守を徹底することは難しい。サッカーでは，自陣のペナルティエリア内での反則には相手方にペナルティ・キック（PK）が与えられる。アメリカン・フットボールでは，5 ヤード，10 ヤードなどの罰退が命じられる。金融商品取引法の違反に関しては，金融庁（金融庁長官）は，違反者に対して課徴金の納付命令を下すことができる。**課徴金**は，規制の実効性を確保するという行政目的のため，違

11

序章　金融商品取引法とは

反者に対して金銭的負担を課す行政上の措置である。課徴金制度は，刑事罰を科すに至らない程度の違反行為を防止するためのものとして導入された。

　課徴金制度は，独占禁止法によるものが知られており，金融商品取引法の制度もこれを参考にして規定された。独占禁止法は，入札談合や価格カルテル等があった場合，公正取引委員会に，差止めなどの排除措置命令を下すことを認めている。他方で，違法行為に対して刑事罰を定めている。しかし，排除措置命令といった規制については，実効性が不十分であること，さらに，刑事罰は立証や手続きの制約があり広範な利用が難しいことが指摘されていた。以上のことから，カルテルの「やり得」を防止し，違法行為の抑止を図る目的で，1977（昭和52）年の独占禁止法の改正で，課徴金制度が導入された。

　金融商品取引法上の課徴金制度は，証券取引法の時代に，2004（平成16）年の法改正で規定された。金融商品取引法で違反行為に罰則が規定されているものについて，同じ事件でさらに課徴金を課すことは，憲法が禁止する**二重処罰**（処罰が決定された場合，同一の事件で重ねて処罰を科すること）に抵触する危険性が問題となる。そこで，独占禁止法上の制度と同様に，課徴金は，いわゆる制裁ではなく，やり得を防止するために利得相当額の金銭的負担を課すものとされた。

　課徴金の納付命令は，金融庁の審判官による**審判手続き**を経て，金融庁長官によって命じられる。証券取引等監視委員会は，金融庁長官から，課徴金の納付命令の対象となる事件に関する調査権限を委任されている。もっとも，違反行為を認定した場合でも，証券取引等監視委員会は課徴金の納付を金融庁長官に勧告するのみで，直接にそれを命じることはできない。

3 金融商品取引法のエンフォースメント

■課徴金納付命令の勧告の実施状況（平成 30 年 3 月末現在）

年　度	17〜21	22	23	24	25	26	27	28	29
開示書類の虚偽記載等	32	19	11	9	9	8	6	5	2
不公正取引 （インサイダー取引事例）	92 (86)	26 (20)	18 (15)	32 (19)	42 (32)	42 (31)	35 (22)	51 (43)	26

＊証券取引等監視委員会ウェブサイトより作成

　課徴金制度が導入された当初，その対象は，発行開示書類の虚偽記載，インサイダー取引，相場操縦などに限られていた。しかし，その後の改正で，課徴金制度の適用範囲は拡大され，課徴金の納付命令の件数も増加している。現在では，課徴金制度は，証券市場の監視のための中心的な手段の一つとなっている。

　内閣総理大臣には，金融商品取引業者などに対する**行政処分**を行う権限が与えられている（前述のように，多くのものは金融庁長官に委任されている）。行政処分として，登録・認可の取消し，業務の停止命令，業務改善命令などが規定されている。

　ところで，法令違反の行為がなされる場合あるいはそれがなされる危険性がある場合，上記のような行政上の対応のみでは，公益または投資者保護を十分に図ることができないことがある。そこで，裁判所が，緊急の必要があり，かつ，公益または投資者保護のため，必要かつ適当であると認めるときは，金融庁長官や証券取引等監視委員会などの申立てにより，その行為の禁止または停止を命じる制度が規定されている（**緊急停止命令**。192 条 1 項 1 号）。緊急停止命令は，将来の行為を差し止めることもでき，違法行為を抑止するために効果的なものである。もっとも，それは，長らくの間，「抜かずの宝刀」として，蔵のなかに安置されていた。しかし，近年，無登録業者による未公開株式の勧誘事例で，証券取引等監視委員会は，これを積極的に活用するように舵を切った（無登録業者に対して，登

序章　金融商品取引法とは

録の取消し等の処分を下すことができず，この点で，緊急停止命令は有効な手段となる）。

　なお，金融商品取引法は，開示書類の虚偽記載，相場操縦などについて，違反者の**民事責任**を規定している。民事責任は，取引で侵害を受けた投資者の個別の救済を目的とする。さらに，同時に，違反者に金銭の賠償責任を課すことで，取引に関与する者に規制を遵守させる効果も期待できる。個別事案で損害を被った投資者は，民法上の不法行為責任を追及することもできる。特に，近年は，開示書類に虚偽記載があった場合に，それを知らずに証券の購入を行った投資者から発行会社に損害賠償の請求がなされる事例が増えている。

　自主規制機関が定める自主規制に違反した場合，その自主規制機関による制裁が科せられる。たとえば，金融商品取引所は，規制に違反した上場会社に対して，最も厳しい措置として**上場廃止**を命じることができる。また，金融商品取引業協会は，協会員である金融商品取引業者に対して**過怠金**の賦課などの処分を命じることができる（上限額は5億円）。

4　金融商品取引法の特徴

　金融商品取引法は24章に分かれた大部な法律である。また，頻繁に改正がなされる法律でもある。法改正で条文を追加する場合，条文番号をずらすのではなく，条文番号は維持した上で，条文間に新規に「○条の○」（枝番号などと呼ばれる）を追加することが通常である。たとえば，27条と28条の間に条文を追加するときには，「27条の2」「27条の3」が新設される。加えて，これらの新設条文にさらに条文を追加するときには，「○条の○の○」という条文となる。たとえば，金融商品取引法においては，「24条の4」と「24

14

■金融商品取引法の章立て（抜粋）

```
第1章　総　則
第2章　企業内容等の開示
第2章の2　公開買付けに関する開示
第2章の3　株券等の大量保有の状況に関する開示
第3章　金融商品取引業者等
第4章　金融商品取引業協会
第5章　金融商品取引所
第6章　有価証券の取引等に関する規制
第6章の2　課徴金
第7章　雑　則
第8章　罰　則
第9章　犯則事件の調査等
```

条の5」の間に「24条の4の2」から「24条の4の8」が規定され
ている。このような規定は，金融商品取引法に多くの改正がなされ
てきた歴史を物語っている。金融商品取引法は，2008（平成20）年
以降，毎年のように改正が行われている。同法は，現在施行されて
いる法律のなかで最も改正頻度の高い法律の一つといってよい。

　金融商品取引法の規制内容は，法律のみに規定されているのでは
ない。多くの条文では，政令や内閣府令に詳細を委ねている。この
点も，金融商品取引法の大きな特徴の一つである。

　政令は内閣が制定する命令である（憲法73条6号）。政令の改廃
についての案は各省大臣が作成し，閣議決定される（国家行政組織
法11条）。金融商品取引法に関する政令として**金融商品取引法施行令**
（昭和40年9月30日政令321号）が定められている。

　内閣府の命令である内閣府令は金融庁により定められる。既述の
ように，金融庁は内閣府の外局として設置されているため，省令で
はなく，内閣府令となる。政令や内閣府令の改正も頻繁に行われる。
その際には，パブリックコメントに付され，必要な修正が加えられ

15

序章　金融商品取引法とは

■金融商品取引法に関する内閣府令（主なもの）

・用語の定義に関するもの
　「金融商品取引法第2条に規定する定義に関する内閣府令」
・開示に関するもの
　「企業内容等の開示に関する内閣府令」、「発行者以外の者による株券等
　の公開買付けの開示に関する内閣府令」、「株券等の大量保有の状況の
　開示に関する内閣府令」など
・金融商品取引業等に関するもの
　「金融商品取引業等に関する内閣府令」など
・金融商品取引業協会・金融商品取引所に関するもの
　「金融商品取引所等に関する内閣府令」、「金融商品取引業協会等に関す
　る内閣府令」など
・不公正取引を規制するもの
　「有価証券の取引等の規制に関する内閣府令」など

た後，新しい規制として施行される。

　これらの政令や内閣府令が定める規制内容には，技術的なものも多い。たとえば，開示に関する内閣府令では，提出が義務づけられる開示書類の様式が詳細に定められている（「第○号様式」など開示書類によって異なる様式が記載されている）。さらに，各様式には，**記載上の注意**（注記に該当する）が添えられ，実質上，この規定に従った記載が求められる。

　さらに，金融庁からは，**監督指針・事務ガイドライン**が出されている。これについては，金融商品取引業者等の監督の指針を示すもの（「金融商品取引業者等向けの総合的な監督指針」），情報開示の規制を行うためのガイドライン（「企業内容等の開示に関する留意事項について」）などが重要である。これらは，規制の対象となる金融商品取引業者等や発行会社などにとっては，事実上の法源（守るべきルール）になっている。

　コンパクトタイプの六法（たとえば，有斐閣の『ポケット六法』）で

16

は，金融商品取引法の全文は掲載されない（抜粋で掲載される）。政令や内閣府令がそこに登場することもない。他方で，金融商品取引に関する規制を集めたものとして証券関係法令研究会編『証券六法』（新日本法規）が毎年公刊されている。平成 30 年版では，金融商品取引に関する法令と事務ガイドラインの巻（I 巻）は 3200 頁，関連規制を収録する巻（II 巻）を加えると 5896 頁に及ぶ。

　金融商品取引法およびその附属法令や事務ガイドラインで定められる技術的で詳細な規制内容について，規制を受ける金融商品取引業者等や証券の発行会社の担当者は，その業務に応じて熟知が求められるものである。もっとも，初学者にとっては，実はその大半は必要なものではない。持ち運びに困るような重厚な法令集（『証券六法』の重さは 3 キログラムを超える），さらに，書店に並ぶ 1000 ページに及ぶ体系書（前掲の神崎克郎 = 志谷匡史 = 川口恭弘著『証券取引法』の改訂版である『金融商品取引法』〔青林書院，2012 年〕は 1360 頁）を目の前にして，金融商品取引法の扉を叩くことに躊躇を覚える者も少なくないと思われる。以下では，これらの読者を対象として，金融商品取引法のエッセンスをその趣旨とともに明らかにすることにしたい。

第1章　不公正取引の規制

1 インサイダー取引

(1) インサイダー取引とは

　会社の役員や従業員などの内部者は，その職務を行う上で，未公表の会社情報を入手することがある。

　たとえば，製薬会社（A会社）における営業部長（B）が，自社の開発部門が画期的な認知症の治療薬の開発に成功し，臨床実験を終えて，近く新薬として発売する計画を知った。また，大手総合商社（C会社）が，コンビニ・チェーンを展開する会社（D会社）を子会社化することで，同社にテコ入れするという情報を，C会社の社外取締役（E）が取締役会で知った。A会社とD会社はともに上場会

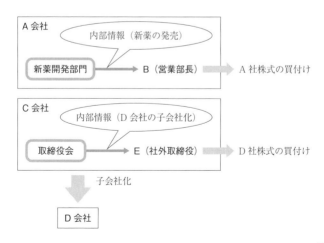

社であり，これらの情報は株価の上昇をもたらすものである（グッド・ニュース）。そこで，B, E は，安値の段階で，それぞれ A 会社，D 会社の株式を市場において買い付け，情報公表後に，市場において高値で売り付けることで利益を得ることができた。

内部情報を利用した取引は，持株の損失を回避する目的でも行われる。たとえば，自動車メーカー（F 会社）で，自社の子会社が製造するエアバッグに不具合が生じ，それに伴う自動車事故による死亡事例が発生した。F 会社も上場会社であり，この情報は，F 会社の株価を引き下げる要因となる（バッド・ニュース）。そこで，情報を知った F 会社の監査役（G）は，情報公表前の高値で持株をすべて売却した。これにより，G は，その後の株価下落による損失を事前に回避することができた。さらに，バッド・ニュースについては，空売り（からうり）で利益を得ることもできる。すなわち，上記の例で，G から情報を知らされた監査役室の従業員（H）は，証券会社から借り入れた F 会社株式を市場において高値で売却し，情報が公表された後，下落した価格で F 会社の株式を買い戻し，差額

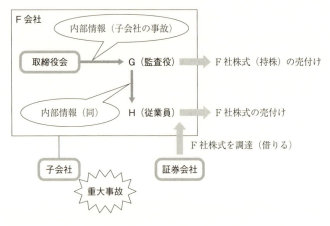

分の利益を得た。

内部者は，このような取引で，確実に利益をあげまたは損失を回避できる。取引には何らの努力も不要で，まさに「濡れ手で粟」と言える。内部者にとって，負けることのない取引であることから，インサイダー取引は，「イカサマ賭博」に喩えられることもある。

これに対して，「情報は早い者勝ち」という反論が考えられる。情報の格差が利益の源泉であることは間違いない。また，努力して情報を入手した者が，その情報を利用して利益をあげることは誰も否定しない。講義中に居眠りをしていた学生（I）と，熱心に講義に耳を傾けていた学生（J）とで，テストの成績に差がつくのは当然である。他方で，Iは，講義で居眠りをしていた分を，自宅での猛勉強で取り戻すことができる。しかし，インサイダー取引で使われる情報は，このような通常の努力では手に入らない類のものである。先の例では，たとえば，学生が教員の研究室に侵入し，試験問題を盗み見るようなものである。証券投資においても，会社の建物に不法に侵入あるいは会社のサーバーに不正アクセスしなければ入手できない情報について，「早い者勝ち」というのは妥当ではない。

つぎに，インサイダー取引での儲けは「役得」と言えるであろうか。確かに，家電メーカーの従業員（K）が，自社製品である洗濯機を社員割引で安く買えることは役得と言える。このような取引は社員以外の者に迷惑をかけるものではない。社員割引の存在を知ったKの友人（L）が，これを不満として，同じ洗濯機を家電販売店で（社員割引価格より高値で）購入することを拒否することはないであろう。しかし，自分が行おうとする取引がインサイダー取引に関連するものであること（相手方にとってインサイダー取引であること）を知っていたならば，その取引で損をすることは明らかであるため，投資者は，当該取引を拒否するか，もしくは，異なる条件での取引

第 1 章　不公正取引の規制

（たとえば，より安値での買付け）を行うと考えられる。情報を知り得ない投資者からの利益の搾取は役得とは言い難い。

　また，会社の業務で生まれた情報は会社のものである。その情報を会社がどのように使うかは自由のはずである。そこで，会社が，その役員や従業員を儲けさせるために，情報の利用を許容することも考えられる。そこでは，インサイダー取引による利益が報酬として支給されることとなる。インサイダー取引で利益をあげるには，まずは，グッド・ニュースを作り出す必要がある。そのため，インサイダー取引は，仕事に励み，企業の価値を向上させるインセンティブになると言われたこともある。しかし，インセンティブ報酬を実現するためには，インサイダー取引が唯一の方法ではない（一例として，ストック・オプション〔たとえば，1000 円を支払うことで株式を 1 株取得する権利〕を報酬として付与すれば，株価を引き上げるインセンティブとなる〔株価が 1500 円となれば，権利を行使して，500 円の利益を得ることができる〕）。さらに，バッド・ニュースを入手した内部者が持株を売り抜けることを報酬の一部と考えることには無理がある。グッド・ニュースのもとになる企業業績の向上にまったく寄与しなかった役員や従業員が，内部情報を知り得る地位にいたというだけで利得が認められる合理的な理由を見出すことは難しい。

Column 1　金融商品取引法上の有価証券（その 1）──株式

　金融商品取引法は，**有価証券**に関する取引を規制する法律である。同法は，投資者を保護するための法律であり，有価証券も投資対象となるものに限られる（たとえば，もっぱら支払いの手段として利用される小切手は金融商品取引法上の有価証券でない）。一般投資家にとって最も身近な投資物件の一つが**株式**である。株式は，株式会社に対する出資をあらわすもので，出資者は**株主**と呼ばれる。ところで，金融商品取引法では，「株式」ではなく，「株券」を同法上の有価証券と

規定している（2条1項9号）。株券は株式を「紙」の上に表章したもので，株式については株券の発行が原則とされていた時代がある。しかし，現在では，会社法上，株券の不発行が原則となり（会社法214条），上場会社については株券が廃止された。株主の管理業務も，金融商品取引業者（証券会社）などに開設された口座において電子的に行うことになった（これらは「社債，株式等の振替に関する法律」が規定する）。券面の廃止は株式に限らない。そのため，券面を前提とした金融商品取引法の有価証券の定義は時代遅れのものとなっている。もっとも，金融商品取引法では，紙の発行が予定されている有価証券で，紙が発行されない場合も，有価証券とみなすと定めている（2条2項前段。これを「**みなし有価証券**」という）。そのため，株券が発行されない株式についても，同法の規制が及ぶことに変わりはない。

(2) インサイダー取引規制の根拠

インサイダー取引は，情報格差（情報の非対称性）を利用するものである。この格差は是正が不可能なものであることは既述の通りである。もっとも，金融商品取引法がインサイダー取引を規制するのは，投資者間の不公平そのものを根拠とするものではない。情報を隠して取引を行うことは，証券取引に限らない。それにもかかわらず，法が，刑事罰をもってインサイダー取引に対して厳しい態度で臨むのは，それが証券市場の健全な発展の障害になると考えるからにほかならない。

株式会社は株式を発行することで大規模な資金調達を行うことのできる企業形態である。しかし，投資者は，購入した株式を自由に売却することができなければ投資を躊躇するであろう。モノの買い手と売り手を繋ぐ場（ば）が市場（しじょう）である。発行された株式を購入した投資者（株主）とその株式を購入しようとする投資者とを繋ぐ場が証券市場（流通市場）である。具体的には，証券取引

第1章　不公正取引の規制

■証券市場の役割

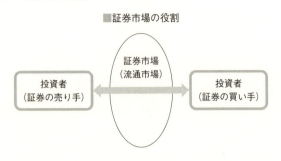

所（金融商品取引所）が開設する市場がその代表例である。

　このように，証券市場は，投資者の資金運用の場を提供するだけでなく，企業の資金調達を可能にする前提の場と言える重要な役割を果たしている。インサイダー取引は，いわばスタート前から，一部の者が勝敗を知る「出来レース」である。このようなレースが横行すれば，参加者の離反を招くことは火を見るより明らかである。証券市場は，投資者という参加者がいなければ成り立たない。証券市場の公正性と健全性を維持し，証券市場に対する投資者の信頼を確保するため，インサイダー取引を禁止することが強く要請される。

　さらに，証券市場では，投資者の需要と供給が集まることにより，株式の価格が形成されることが重要である。たとえば，業績の上昇が見込まれる企業に対しては，需要（買い注文）が多く，当該企業が発行する株式には高い値段が付される。他方で，業績の下落が見込まれる企業に対しては，供給（売り注文）が多く，当該企業が発行する株価は値下がりする。新たに株式を発行して資金を集めようとする場合，その発行価格は時価であることが主流であるため，証券市場で決定される株価は，株式発行による資金調達額にも影響を及ぼす。このように，業績の上昇が見込まれる企業は，高い値段による株式発行で，効率よく資金調達を行うことができる。これに対

して，業績の下落が見込まれる企業は，低い値段で株式を発行するか，もしくは，株式の発行による資金調達を断念せざるを得なくなる。証券市場は，市場で競争的に成立する公正な価格をシグナルとして，限りある投資者の資金をその資金を必要とする者に効率的に配分するという，国民経済的に重要な機能を有している。インサイダー取引においては，勝敗の結果を知っている内部者は真摯な投資判断を行わない。そのため，このような投資判断に基づく注文は公正な価格形成を妨げるという弊害もある。

ところで，アメリカでは，インサイダー取引は，内部者が会社（株主）に対して負っている義務（信認義務）に違反するという考え方がある。このような考え方（**信認義務理論**）は，インサイダー取引規制の理論的支柱となり，現在でも「伝統的理論」と呼ばれている。アメリカでは，インサイダー取引規制は，証券取引に関する詐欺を防止する規定（1934 年証券取引所法 10 条 b 項および SEC 規則 10b-5）に違反するものとして規制されてきた。そこで，内部者について，何らかの詐欺的な行為を認定する必要があり，内部者が自己の利益のために会社の利益を犠牲にするという点が許されない（会社に対する義務違反がある）という考えが判例法理で展開されてきた。

しかし，この理論のもとでは，規制の及ぶ範囲が狭すぎるという問題が発生した。たとえば，先に述べた，大手総合商社（C 会社）が，コンビニ・チェーンを展開する会社（D 会社）を子会社化した事例で，C 会社のために開示書類の印刷を行っていた会社（M 会社）の従業員（N）が，印刷作業中に，この情報を知って，D 会社の株式を買い付けた例を考えてみよう。

第1章　不公正取引の規制

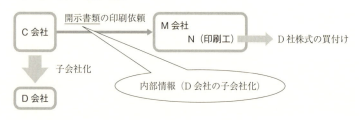

　Nは従業員としてM会社に対して何らかの義務を負うものの，C会社に対して信認義務を負うわけではない。そうすると，この理論では，Nの取引を規制することができないことになってしまいそうである。そこで，ある者（上記ではN）が情報源（上記ではM会社）に対して負う義務に違反して，内部情報を不正に流用したときに，証券取引に関する詐欺を行ったとする考え方が示されるようになった（**不正流用理論**）。そこでは，情報源に帰属すべき情報を自己のために利用したことが問題とされる。もっとも，不正流用理論にも，情報源が情報の利用を許容した場合，インサイダー取引規制を適用することが難しくなるといった批判がある。

(3) インサイダー取引規制の特徴

　金融商品取引法が定めるインサイダー取引規制は，「内部者」が「内部情報」を知った場合，その情報が「公表」されるまで，取引を禁止するというものである。取引の際に「内部情報」を利用したかどうかは問わない。インサイダー取引が投資者の信頼を失うものであるのは，外部者では入手できない情報を内部者が有し，これをもとに取引を行うことで利得または損失の回避を行うことができるためである。そうであれば，内部情報の利用があった場合に，規制を及ぼすべきと言える。しかし，内部情報の利用を要件とした場合，その立証は難しく，インサイダー取引規制の適用場面が著しく限定

されるおそれがある。そのため，現行法は，内部情報の利用を要件
とせず，上記のように，内部情報を知った以上，取引を行うことが
できないという立法を採用している。

　現行法の規制は，1988（昭和63）年の証券取引法の改正で規定さ
れた。改正前から，すべての者を対象に，「不正の手段，計画また
は技巧」を禁止する条文があった（証取法58条1号，現行157条1号）。
情報を明らかにすれば，相手方が同一の条件で取引をしないことが
明白である場合に，情報を明らかにすることなく取引を行うことは，
「不正の手段，計画または技巧」に該当することは間違いない。し
かし，インサイダー取引について，この規定が適用された事例は一
件もなかった。これは，同規定に違反した場合，刑事罰の適用があ
るものの，刑事罰を科すには，この規定は構成要件（法律を適用す
るための要件）が漠然とし過ぎていると考えられたためである（日本
では，刑事責任を適用するには，構成要件が明確でなければならないとい
う考え方がとられてきた）。また，何十年も適用を見送っていた条文
について，いきなり，それを生きた法律として適用することは，当
事者の不満を招くことが予想される。そこで，過去の経緯にとらわ
れず，新しい条文を設けて，インサイダー取引を規制することにな
った。

　このような経緯から，インサイダー取引規制を定める際に，その
構成要件を明確にすることとした。そのため，「内部者」として
「会社関係者」，「内部情報」として**「重要事実」**に関する詳細な定義
規定が置かれることとなった。他方で，このことから，以下に述べ
るように，日本のインサイダー取引規制は世界に例を見ない複雑な
ものとなってしまった。

　第一に，「重要事実」として，投資者の投資判断に影響を及ぼす
と考えられるものが列挙されている（166条2項）。しかし，投資者

第1章　不公正取引の規制

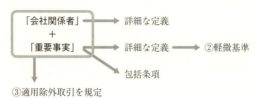

　の投資判断に影響を及ぼす情報を，法律ですべて書き切ることは不可能である。そのため，「重要事実」について**包括条項**を定め，規制に漏れがないように工夫がされている。

　その一方で，形式的に「重要事実」に当たる場合でも，その事実が投資者の投資判断に及ぼす影響が少ないものもある。そこで，第二に，内閣府令で**軽微基準**を設け，これに該当するものについては，「重要事実」とならないものとしている。たとえば，「新株発行を行う」という決定は，株価に影響を与える重要情報である。しかし，その発行額が多額でない場合には，投資者の投資判断に与える影響は大きくない。そこで，「新株発行を行う」（条文上は「株式を引き受ける者の募集」）という決定を「重要事実」と規定した上で（166条2項1号イ），「総額が1億円未満であると見込まれること」を軽微基準と定めている（取引規制府令49条1項1号イ）。

　さらに，日本のインサイダー取引規制は，取引の実質的な不正という点まで立ち入らず，「会社関係者」に該当する者が，「重要事実」を知った場合に，これが公表される前に，取引を行うことを禁止するものである。もっとも，形式上，このような取引に該当するものの，証券市場の公正性および健全性に対する投資者の信頼の確保の観点から，取引を禁止するまでもないものがある。そこで，第

1 インサイダー取引

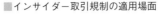

■インサイダー取引規制の適用場面

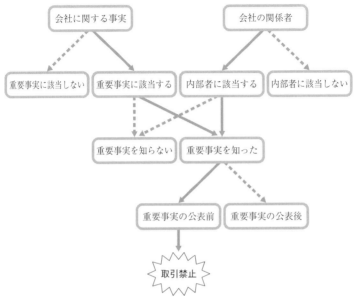

三に、規制が適用除外される取引を具体的に規定している（**適用除外規定**。166条6項）。たとえば、「重要事実」を知る者の間での取引は、当事者に情報の非対称性が認められない。このような取引が行われても、投資者の証券市場に対する信頼を害することにはならない。そこで、「重要事実」を知る者の間での相対の取引は、インサイダー取引規制の適用除外となる。このような取引は、一般的に「**クロクロ取引**」と呼ばれている。情報を知っている点を「クロ」と表現するものと考えられるが、当事者間での取引が許されるとい

29

第1章　不公正取引の規制

う点では「シロ取引」である。

(4)　インサイダー取引規制の概要

　インサイダー取引規制の対象となる「内部情報」は，⑦株式の発行会社を発生源とするもの（会社情報）と，①発行会社以外の者を発生源とするもの（外部情報）とがある。⑦におけるインサイダー取引の例は，前述のように，製薬会社（A 会社）に新薬開発という内部情報が発生し，その情報を知った営業部長（B）が A 会社株式の売買を行うものである。これに対して，①におけるインサイダー取引は，同様に，総合商社（C 会社）がコンビニ・チェーン会社（D 会社）社を子会社化する決定を行った際に，C 会社の内部者である社外取締役（E）が D 会社株式の売買を行うものである。

　⑦に関する規制は，「会社関係者」であって，「重要事実」を知ったものは，これが「公表」された後でなければ，関係する証券の取引をしてはならないというものである（166 条 1 項本文前段）。この規制は，「会社関係者」から重要事実の伝達を受けた「情報受領者」にも適用される（同条 3 項）。会社関係者でなくなった者でも，その後 1 年間は同様の規制に服する。（同条 1 項本文後段）。

　「会社関係者」の定義は法定されている（166 条 1 項）。たとえば，会社の役員（取締役，監査役，指名委員会等設置会社の執行役が含まれる），使用人その他の従業者は，典型的な内部者である。これらの者は，「その者の職務に関して」「重要事実」を知ったときに，規制の対象となる。そのため，A 会社の使用人である社長秘書（O）が，その職務と無関係の場所で，重要事実を立ち聞きしたような場合は，規制は及ばない。他方，会社と契約を締結している者または締結の交渉をしている者も，当該契約の締結もしくはその交渉または履行に関し「重要事実」を知ったときに，会社の株式の売買が禁止され

30

1 インサイダー取引

■⑦会社関係者等のインサイダー取引規制（会社情報を利用した取引）

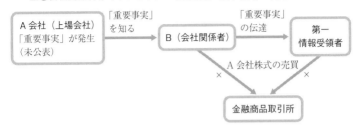

■④公開買付者等関係者のインサイダー取引規制（外部情報を利用した取引）

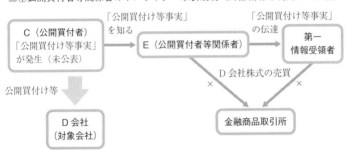

■会社関係者の定義

会社関係者の種類	会社関係者となる時
①会社の役員・使用人	その者の職務に関し知ったとき
②会社に対して会計帳簿閲覧権を行使した株主等	当該権利行使に関し知ったとき
③会社に対して法令に基づく権限を有する者（たとえば、政治家、許認可権限を有する公務員など）	当該権限の行使に関し知ったとき
④会社と契約を締結している者（たとえば、取引銀行、引受金融商品取引業者、弁護士、公認会計士など）または、契約の締結の交渉をしている者	当該契約の締結・交渉・履行に関し知ったとき
⑤②④で法人であるものの役員等	その者の職務に関し知ったとき

31

第1章　不公正取引の規制

■重要事実の定義

決定事実 （166条2項1号） 〔「業務執行を決定する機関」が決定したこと〕	①株式等の発行 ②資本の減少 ③資本準備金または利益準備金の減少 ④自己株式の取得 ⑤自己株式の処分 ⑥株式分割 ⑦直近の方法と異なる剰余金配当・中間配当 ⑧株式交換 ⑨株式移転 ⑩合併 ⑪会社の分割 ⑫事業譲渡 ⑬解散 ⑭新製品または新技術の企業化 ⑮業務上の提携など
発生事実 （166条2項2号）	①災害または業務に起因する損害 ②主要株主（発行済株式総数の10％以上を保有する株主）の異動 ③上場廃止の原因，登録取消しの原因となる事実など
売上高等の予想の変更 （166条2項3号）	売上高，経常利益または純利益について，公表された直近の予想値と比較して新たに算出した予想値または決算とに差異が生じた事実
包括条項 （166条2項4号）	「当該上場会社等の運営，業務又は財産に関する重要な事実であって投資者の投資判断に著しい影響を及ぼすもの」

　る。これらの者が法人であれば，その役員等が規制の対象である。
たとえば，A会社の製造する薬の販売を行う会社（P会社）が，新
薬の製造に関する情報をその契約の履行に関して知ったときは，P
会社の役員（Q）は，A会社の株式を買い付けることはできない。
　つぎに，「重要事実」としては，**決定事実，発生事実，売上高等の
予想の変更**および**包括条項**が規定されている（166条2項1号から4号）。
子会社に関する情報についても，同様に四つの重要事実が規定され
ている（同項5号から8号）。決定事実は，「業務執行を決定する機

32

関」が決定した事実である。一度決定し公表した事項を行わないこととを決定した場合も「重要事実」となる。たとえば，C 会社が D 会社を子会社化するとした情報（これが重要事実となる）を公表した後，それを中止する決定を行った場合，中止の決定が重要事実となる。

　「業務執行を決定する機関」は，実質的に会社の意思決定と同視されるような意思決定を行うことのできる機関であれば足りる。会社法と金融商品取引法では，制定の目的（保護法益）が異なるため，決定機関を必ずしも同一のものと考える必要はない。たとえば，会社法上，合併契約は，株主保護の観点から，株主総会の承認を得なければならない（会社法 783 条 1 項・795 条 1 項。したがって，株主総会が最終の決定機関となる）。他方で，インサイダー取引規制における「重要事実」となるのは，株主総会決議より前の時点であるべきである。会社の実質的な決定権限が代表取締役（S）にあるのであれば，S の決定があった時点で，重要事実が決定されたと考えられる。株主総会の決定や取締役会の決定がなければ重要事実の決定がないとするならば，S の決定以降，インサイダー取引が自由に行われることになるからである。

　「発生事実」としては，製薬会社（A 会社）の工場で火災が発生し，生産ラインがストップしたことにより発生した損害が考えられる。前述の新株発行と同様に，この場合も軽微基準があり，A 会社の損害が軽微であれば（純資産額の 3% が基準とされている），重要事実とはならない。会社の主要株主（総議決権の 10% 以上の議決権を保有している株主）が異動したことも発生事実である。主要株主の異動は，会社の経営，支配関係に影響を与え，投資者の投資判断に重要な影響を及ぼすものであるからである。

　なお，「包括条項」（バスケット条項と言われることもある）として，

33

第1章 不公正取引の規制

「上場会社等の運営，業務又は財産に関する重要な事実であって投資者の投資判断に著しい影響を及ぼすもの」が「重要事実」と規定されている（166条2項4号。子会社情報についても，包括条項がある〔同項8号〕）。現行法が構成要件を明確にするため「重要事実」を詳細に定めたことを考えると，このような包括条項は，その趣旨に反するとの意見もある。たとえば，経済界からは，包括条項は予見可能性を損ない，役員等の株式売買を委縮させるとして，廃止を求める声がある。しかし，個別列挙の重要事実のみでは，規制すべき取引を野放しにしてしまう危険性がある。

つぎに，外部情報に関するインサイダー取引を規制する⑦に関する規制は，「**公開買付者等関係者**」であって，「公開買付け等の実施に関する事実」を知ったものは，この事実が「公表」された後でなければ，関係する証券の取引をしてはならないというものである（167条）。**公開買付け等**は，公開買付けのほか，株券等の5%を超えて取得する行為も含まれる（同条1項，金商令31条）。「公開買付者等関係者」についても詳細な定義がある（167条1項）。公開買付け等の実施に関する事実のみならず，公開買付け等の中止に関する事実を知った場合も同様である。これらの情報の伝達を受けた「情報受領者」も規制対象となること，さらに，公開買付者等関係者でなくなった後も同様の規制に服することは⑦と同様である（ただし，その期間は6か月と規定されている）。

ここでも，公開買付者等と契約を締結している者または締結の交渉をしている者は，その契約の締結もしくはその交渉・履行に関して，公開買付け等の実施の事実を知ったときは，公開買付け等に係る株式の売買をしてはならない（167条1項4号）。C会社がD会社を子会社化するためにD会社の株主に対して公開買付けを実施するという決定をした場合，C会社の役員（たとえばE）はD会社の

34

株式を買い付けることができない。さらに、C会社から公開買付けのための資金についての融資の申込みを受けた金融機関（T銀行）の従業員（U）は、融資契約の締結の交渉中に公開買付け等の事実を知ったことになるため、D会社の株式を売買することが禁止される。

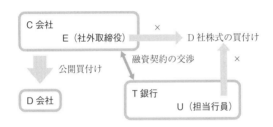

ところで、内部者が内部情報を知った場合でも、その情報が**公表**されれば、取引が解禁される。公表によって、情報の不均衡（非対称性）が解除されたと考えられるからである。「公表」の定義として、①複数の報道機関（新聞社、NHKなどの放送事業会社）に公開し、公開後12時間が経過したこと、②金融商品取引所に通知し、かつ、金融商品取引所において公衆縦覧に供されたことが規定されている（166条4項・167条4項、金商令30条）。①は、複数の報道機関への公開後12時間が経過した場合は、多くの者が知り得る状況になったと判断するものである（報道機関が重要事実を報道したかどうかは問わない）。また、②は、金融商品取引所の電子開示システムで開示された時点で情報の公表があったとするものである（取引規制府令56条）。そこでは、情報は瞬時に投資者に伝わるため、12時間という時間の経過を待つこともない。

第1章 不公正取引の規制

■ 「公表」の概念

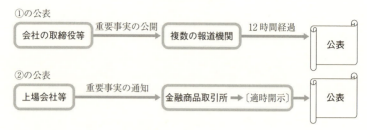

> ### Column 2　リーク記事の報道と「公表」
>
> 　新聞などで，情報源を明確にせず，会社の合併などが報道されることがある（いわゆる，「リーク報道」）。報道によって，世間にこの合併に関する情報が広まることになる（このような状況を「公知」と呼ぶことがある）。内部情報の「公表」がないまま，それが「公知」となった場合に，インサイダー取引規制は解除されるべきであろうか。投資者の間で内部情報が公知となれば，内部者との間で情報の非対称性が解消され，規制を維持する必要性がなくなるとも考えられる。しかし，情報源を明らかにしない報道は，情報の信ぴょう性に疑問符が付くものも少なくない。このような場面では，情報の非対称性が解消されたとは言い難い。最高裁判所は，仮に情報が公知になったとしても，それを「公表」があったものと同視することはできないとして，このような場合でもインサイダー取引規制は解除されないことを明らかにした（最高裁判所平成28年11月28日決定〔最高裁判所刑事判例集70巻7号609号〕。この事件は，被告が現役の経済産業省大臣官房審議官であったことから，社会的にも注目されたものであった）。

　インサイダー取引規制に違反した場合には刑事罰が科せられる。会社関係者などおよびこれらから情報の伝達を受けた者は，5年以下の懲役もしくは500万円以下の罰金またはこれらが併科される

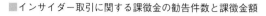

■インサイダー取引に関する課徴金の勧告件数と課徴金額

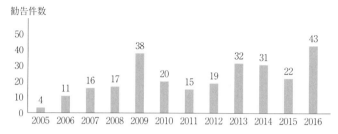

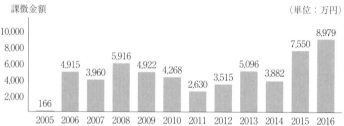

＊証券取引等監視委員会「金融商品取引法における課徴金事例集——不公正取引編」（平成29年8月）

（197条の2第13号）。インサイダー取引規制に違反した場合，課徴金の納付命令の対象ともなる（175条1項）。課徴金の額は，利得相当額を基準に算定される。重要事実がグッド・ニュース（株価を引き上げる情報）であったとき，たとえば，時価1000円で1万株の買付けをして，情報公表後に1700円に値上がりした場合（情報公表後2週間以内の最高値を採用する），〔（1700円－1000円）×1万株＝700万円〕が課徴金の額となる。

なお，重要事実がバッド・ニュースの場合で，その事実を知らず，情報公表前に高値で株式を購入した者は，取引相手の行為がインサイダー取引であれば，理論上，民法上の不法行為責任を追及して，損害賠償の請求をすることができる。不法行為による損害賠償を定

第1章　不公正取引の規制

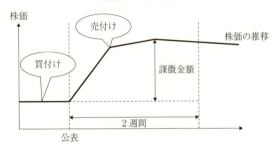

■課徴金の額の算定

める民法709条は,「故意又は過失によって他人の権利……を侵害した者は,これにより生じた損害を賠償する責任を負う」と規定している。「故意・過失」と損害との間の因果関係の立証責任は,賠償を請求する側にある。もっとも,金融商品取引所での売買で当該証券を買い付けた場合,相手方を特定すること(損害との因果関係を証明すること)は困難と言わざるを得ない。この点で,インサイダー取引規制違反の民事責任を追及することは難しい。

(5) 情報受領者と情報伝達者の規制

日本のインサイダー取引規制では,会社関係者から重要事実を伝達された者(**第一情報受領者**)も規制の対象となる。もっとも,「第一情報受領者」から情報の伝達を受けた者(第二情報受領者)は規制の対象とはならない。第一情報受領者は,「会社関係者」から重要事実の「伝達」を受けたものと規定されており,第一情報受領者は「会社関係者」ではなく,その者から情報伝達を受けた者は規制の対象とはならないためである。これは,第二情報受領者を規制の対象とすれば,その処罰の範囲が不明確となり,無用の社会的混乱が生じることが理由である。この点でも,規制の範囲の明確性が重視

■情報受領者の範囲

されている。もっとも、第二情報受領者が重要事実を知って取引を行った場合でも、投資者の証券市場に対する信頼が損なわれることに変わりはない。そのため、第二情報受領者などについても、インサイダー取引規制を及ぼすべきとの意見も少なくない。

ところで、製薬会社（A会社）の営業部長（B）から新薬の製造・販売に関する重要情報の伝達を受けた者（V）がA会社株式についての取引を行った場合、処罰の対象となるのは取引を行ったVである。もっとも、Bからの情報伝達がなければインサイダー取引は行われなかった。インサイダー取引の予防という観点からは、情報伝達者であるBも規制の対象とすることが望ましい。そこで、Bは、重要事実が公表されることとなる前に、A会社の株式を売買させることにより、Vに利益を得させ、またはVの損失の発生を回避させる目的をもって、Vに重要事実を伝達することが禁止される（167条の2第1項）。この規定は、2013（平成25）年の法改正で導入された。Bが業務上の必要性から、重要情報を伝えなければならないこともある。さらに、Bが食事中に家族団欒のなかで、情報を話すことまで禁止する必要はない。そこで、立法にあたって、上記の目的がある場合に限り、情報伝達が禁止されることとなった。

第1章　不公正取引の規制

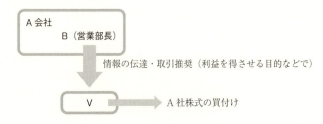

なお、BがVに対して重要事実の伝達を行い、それに基づき、Vが取引を行った場合、Bは、刑法上の教唆犯または幇助犯として処罰される可能性があることにも注意が必要である。

さらに、Bが「A会社株式を買っておいたほうがよい」といったことをVに伝えること（**取引推奨**）も規制の対象となる（167条の2第1項）。取引推奨を規制しなければ、前述の情報伝達行為の禁止の潜脱に利用される危険性がある。会社の役員が、IR活動の一環として、機関投資家（W）を相手に、自社株への投資を促すような一般的な推奨を行う場合は、通常、Wに対して、株式の売買で利益を得させる目的で行うものではないため、情報伝達・取引推奨の規制に違反するものとはならない。

重要事実の伝達者や取引推奨を行った会社関係者などについても刑事罰が科せられる。もっとも、その適用は情報伝達や取引推奨の相手方が、情報公表前に取引を行った場合に限られる（197条の2第14号・207条1項2号）。情報伝達者や取引推奨者が罰せられるのは、このような行為を契機としてインサイダー取引が誘発されるためである。そのため、取引がなされなかったときにまで、刑事罰を適用することは妥当ではない。

(6) **適用除外**
既述のように、いわゆるクロクロ取引については、インサイダー

1 インサイダー取引

■知る前契約と知る前計画

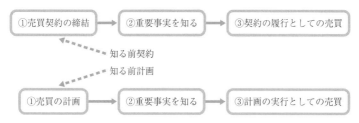

取引規制の適用除外とされている。そこでは取引の当事者の間で情報の非対称性が存在しないことによる。

さらに，会社の内部者が行う取引であっても，重要事実を知ったことと無関係に行うものであれば，証券市場の公正性と健全性に対する投資者の信頼を損なうことはない。たとえば，株式の売却の契約を結んだ後に，その履行前に，重要事実を知った場合，その契約に従った売買であれば，これを禁止する理由はない。また，同様に，重要事実を知る前に決定された売買の計画の実行として売買を行う場合も，同様に，その売買を禁止することはない。そのため，このような「**知る前契約**」「**知る前計画**」に基づく取引については，インサイダー取引の適用除外となる旨が規定されている（166条6項12号）。

また，政策的な判断により適用除外が認められるものもある。XがY会社の株主に対して公開買付けを実施する場合，Y会社のほうで，それに応戦するため，Y会社に友好的なZにY会社の株式の買付けを依頼することがある（ZはXによるY会社の買収を阻止するために登場することから，ホワイト・ナイト〔白馬の騎士〕とも呼ばれる）。Y会社に未公表の重要事実がある場合には，この事実を含めた会社情報を伝えた上で，このような買付け（**防戦買い**）を依頼することもある。しかし，重要事実を伝達されたZは，情報受領者

第1章 不公正取引の規制

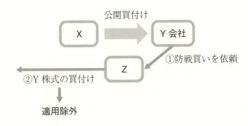

としてインサイダー取引規制に服することになる。他方で、Xは自由にY会社の株式の買付けをすることができる。このような不均衡を是正するため、Y会社の取締役会の決議を条件として、ZによるY会社の株式の買付けを可能としている（インサイダー取引規制の適用除外としている。166条6項4号）。

2 相場操縦

(1) 相場操縦とは

　証券に限らず、モノの買い手は、できるだけ安く買いたい、売り手は、できるだけ高く売りたいと思うのは当然の心情である。しかし、売り手が、あまりに高い値段を付けると買い手はそれに応じることができなくなる。反対に、買い手が、あまりに安い値段を希望したとしても、売り手はそれに従うことを拒否するであろう。多くの買い手と売り手の注文が集まる市場では、できるだけ自分の注文が成立するように、各自が最善と思う価格を提示する結果、モノの価格は、自然と適正なものに収斂していくこととなる。そこでは、国が価格決定に関与することは不要で、いわば「神の見えざる手」によって、適正な価格が導かれる。証券の価格はその最たるものと言える。このように形成される証券の価格は、真摯な注文によるものとして、関係する人々によって公正な価格として認知される。さ

らに，証券市場において形成される価格は，一国の経済にとって極めて重要な意義を有していることは既述の通りである。

　もっとも，前述のように，売り手からすれば，売値が高ければ高いほど儲けが大きくなる。買い手からすれば，買値が安ければ安いほど得をすることになる。そこで，市場原理に基づき決まるべき価格を無理矢理に変動させようとする者が現れることになる。証券の価格の変動操作，すなわち，相場操縦がその典型例である。

　相場操縦が行われる動機は様々である。証券界には，かつて，資金量や市場への影響力によって，相場を操り，利益を得ようとする「仕手筋」（してすじ）と呼ばれる投資家（投資家集団）が幅を利かせていた。「仕手」は，能楽の「シテ方」（主役）に由来するとの説もある。これらの者は，目を付けた銘柄の株式を安値で買付け（「仕込み」という），その後，大量の買い注文を出すなどにより株価を値上がりさせる。この場合，通常は，「提灯」と呼ばれる相乗りの買い注文を誘うことで，さらに株価の値上がりの効果を図る（提灯は，仕手筋の投機に便乗することを意味し，提灯行列に付いて行くということに由来すると言われている）。そして，最終的には，高値で株式を売り抜けることで利益を得ていた。また，著名な相場師が，取引の仲介をした株式の市場価格が取引直後に急落したことで，自己の兜町における信頼を回復するために，その株式につき相場操縦を行ったという例もある。

　このほか，会社が自社の株価の引上げを図るために相場操縦を行うケースも見られる。会社が株式発行により資金調達を行おうとする場合，発行価格は市場価格をもとに決定される（時価発行）。時価発行では，発行時点の株価が高ければ高いほど，会社に多くの資金が入ることとなる。そこで，同社の株価を引き上げるために，証券会社の協力を得て，相場操縦に手を染めた例がある。また，上場会

第1章　不公正取引の規制

社は，上場基準として，一定の時価総額を維持することが求められる。時価総額は，〔「市場価格」×「発行済株式総数」〕で計算される。業績の悪化で株価が低迷していた会社が，上場を維持するため，「市場価格」の引上げを行うために相場操縦を行った。さらに，多額の借金を返済する資金を捻出するため，同社の株式を高値で買い取らせようとしたところ，その相手方の税務対策上，市場価格で取引をする必要があり，同社の株価を引き上げようとしたものもある。なお，不良債権問題を回避するため，仕手筋にその債務の一部を引き受けさせ，その見返りに，相場操縦による利益を得させるように資金を融資したという事例も存在している。

　相場操縦は，「神の見えざる手」によって形成される「神聖な相場」を冒瀆するもので，「神を恐れぬ行為」と言われる（龍田節「相場操縦の禁止」法学教室 158 号〔1993 年〕56 頁）。このため，金融商品取引法は，相場操縦を刑事罰をもって厳しく規制している。

(2)　相場操縦の方法

　相場操縦の方法は一つではなく，実に多様な方法で行われてきた。最も単純な方法として，市場に嘘の情報を流すというものがある（**風説の流布**）。たとえば，そのような事実がないにもかかわらず，「赤字決算が見込まれていた A 会社の業績が回復し，今年度黒字に転換する」，「業界第 3 位の B 会社と同 5 位会社が経営統合し，業界第 2 位の会社となる」といった情報を流すことで，A 会社や B 会社の株価を引き上げようとする例などが考えられる。また，「C 会社は今季無配（配当がないこと）となる」，「D 会社に粉飾決算の疑いで当局の強制捜査が入るようだ」といった情報は，C 会社および D 会社の株価を引き下げるために流される。株価を引き下げる風説の流布は**空売り**とセットで行われることもある。この場合，E は，

44

①証券会社からC会社株式を借り，②それらを高値で売却する（たとえば，1株3000円で売り付ける）。その後，③上記の風説を流布し，株価が下落した段階で，④その株式を買い戻すことで（たとえば，1株2000円で買い付ける），売値と買値の差額を利得することができる（3000円−2000円＝1000円の利得となる）。

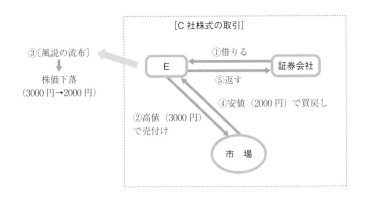

　嘘の情報を流す方法も様々である。業界雑誌に嘘の記事を書かせる，投資コンサルタントと称する者が会員に嘘の情報をメールで送付するといった事例が存在する。さらに，最近は，インターネットの「掲示板」への書き込みを利用した風説の流布も見られる。なお，過去には，製薬会社が，エイズワクチンの臨床実験に成功したとの虚偽の事実を記者会見で発表した例もある。この会社は，転換社債（転換社債型新株予約権付社債）を発行しており，株価が低迷している状況では，社債が株式に転換されず，その償還資金を捻出しなければならなくなるといった事情があったものである。

第1章 不公正取引の規制

Column 3 金融商品取引法上の有価証券（その2）──社債

株式会社が資金調達のために発行する「有価証券」として社債がある。株式が会社に対する出資（株主は会社の**持分**〔equity〕を持つ）であるのに対して，社債は，会社に対する債権である（会社から見ると**債務**〔debt〕となる）。社債を保有する者は**社債権者**と呼ばれる。社債の発行会社は，一定期間後（満期）に，借りたお金を返済しなければならない（これを社債の償還という）。

ところで，**新株予約権**は，あらかじめ定められた期間（行使期間）に，あらかじめ定められた価額（行使価額）を会社に払い込めば，会社からその会社が発行する株式の交付を受けることができる権利である。たとえば，行使価額が1000円と定められていた場合，株価が1200円に上昇していれば，1000円を払い込むことで1株を取得し，それを市場で売却することで200円の利益を得ることができる（手数料は考慮していない）。他方で，新株予約権は「権利」であるので，株価が800円であれば，権利を放棄することができる（市場において800円で購入できるものを1000円で取得しようとすることは通常は考えにくい）。

社債にこの権利が付されたものを**新株予約権付社債**という。このうち，新株予約権の行使の際に，社債が償還され，償還資金が新株予約権の行使価額に充当されるものがある。これは，社債が株式に転換されることを意味するため，**転換社債型新株予約権付社債**と言われることがある。転換社債型新株予約権付社債は，新株予約権付社債の一種であり，株式への転換という「甘味料」を付けたものであるため，一般に，普通社債に比べて，低利子で発行することができる。さらに，株式に転換された場合，社債はなくなる一方で，株価低迷で，転換が進まない場合，社債が残るため，その償還費用を捻出することが必要になる。

46

2 相場操縦

　つぎに，実際に売買注文を出すことによって相場を操縦する方法がある。これには，①取引を偽装するものと②現実に取引がなされるものとがある。

　①としては，同一人（F）が，G会社の株式について，買い注文と売り注文を同時に出すことが考えられる（**仮装取引**という）。そこでは，買い注文と売り注文の合致によりG会社の株価が形成される。しかし，このような取引は，実際には，権利の移転を伴わない仮装の取引に過ぎない。さらに，たとえば，G会社の株式について，Fが買付注文を出し，Hが売付注文を出すことで，同様の効果を得ることができる。このような取引も，FとHが通謀していれば，上記と同じ効果がある（**馴合取引**という）。

　②は，実際に売買取引などを行うことで相場を操作するものである。株価を引き上げるためには，「取引が始まる前から，前日の終値よりも高い値段で買い注文を出す」，「小刻みに値を高くして連続

47

第1章 不公正取引の規制

■仮装取引と馴合取引

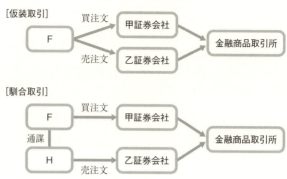

して買い注文を出す」といった手法がとられる。また，その日の終値は，新聞などで報道される。そこで，取引終了間際に，大量の注文を出すことで，終値を操作することも行われる。市場価格を操作する場合，通常，①と②の取引を組み合わせてなされることが多い。

> Column 4　取引所における取引
>
> 　日本には，札幌証券取引所，東京証券取引所，名古屋証券取引所，大阪取引所，福岡証券取引所の五つの金融商品取引所がある。東京証券取引所，名古屋証券取引所および大阪取引所は株式会社である。株式会社組織の金融商品取引所での売買は，**取引参加者**として取引所と契約をしている金融商品取引業者（証券会社）のみが許される。言い換えると，我々が上場株式に投資をするためには，取引参加者である証券会社に注文を出す必要がある。
>
>

2 相場操縦

　取引所では，**競争売買**によって取引が行われる。そこでは，買い注文については，最も高い値段を提示したものが他の注文に優先し，売り注文については，最も安い値段を提示したものが他の注文に優先する（**価格優先の原則**）。さらに，同じ値段であれば，先に出された注文が優先される（**時間優先の原則**）。

　α会社の株式の売買に関して，下の表のような注文があったとしよう。まず，売り注文については，価格優先の原則で，100円のc，d，eの注文が101円のaとbの注文に優先する。買い注文については，同様に，100円のfの注文が，99円のg，h，iの注文に優先する。つぎに，c，d，eの間では，時間優先の原則により，e→d→cの順で注文が優先する。以上のことから，この例では，100円で，dとeの売り注文（合計で3000株）とfの注文（3000株）との間で売買が成立する。

売り注文（単位：株数） 遅い ◀━━▶ 早い			値段 タイミング	買い注文（単位：株数） 早い ◀━━▶ 遅い		
	a 1,000	b 4,000	101円			
c 5,000	d 2,000	e 1,000	100円	f 3,000		
			99円	g 3,000	h 1,000	i 5,000

　近年では，コンピューターを利用した取引が一般的となっている。それに伴い，相場操縦の方法も多様化している。その一つに**見せ玉**（みせぎょく）と呼ばれるものがある。これは，買付けまたは売付けの意思がないにもかかわらず，市場で売買注文を出すというものである。

　たとえば，Column 4 の例で，α会社の株式 4000 株を 101 円以上で売りたいと考えている場合（後掲の表では b 4000 の注文となる），99 円（約定しない程度の価格）の買い注文を見せ玉として出し（後掲の表の j と k の注文），結果的に需要が多いと勘違いをした l，m，n の 101 円での注文を引き出すことができれば，その段階で，持株を

49

第1章　不公正取引の規制

101円で売却できることになる。買い注文は高い値段から約定される
ため（価格優先の原則），99円という安価な注文は市場で放置され
ている。そのため，不要となった見せ玉（jとkの注文）は，後で取
り消せばよい。

売り注文（単位：株数）		値段	買い注文（単位：株数）					
遅い ◀━━▶ 早い		タイミング	早い ◀━━▶ 遅い					
a 1,000	b 4,000	101円	l 3,000	m 1,000		n 3,000		
		100円	f 3,000					
		99円	g 3,000	h 1,000		i 5,000		
			【j 7,000】【k 6,000】					

(3)　相場操縦規制の概要

　金融商品取引法は，株式の売買等のため，または相場の変動を図
る目的をもって，風説を流布することを禁止している（158条）。
「相場の変動を図る目的」は，内心の問題であるため，状況証拠で
立証するしかない。もっとも，ある会社の株式を保有していた者が，
その会社の株価を引き上げる情報を流布し，その後，同株式を売却
していた場合，「相場の変動を図る目的」は容易に認定できるであ
ろう。

　また，取引が頻繁に行われているなど，取引の状況が他人に誤解
を生じさせる目的をもって，権利の移転を目的としない仮装取引を
行うことも禁止される（159条1項1号〜3号）。他人と通謀して同様
の行為を行うことも禁止される（同項4号〜8号）。ここでも，「他人
に誤解を生じさせる目的」が必要となる。ある会社の株式を自分で
売り付けると同時に買付けする行為は，取引が頻繁に行われている
と他人に誤解を与える目的以外には，通常あり得ない。このため，

2 相場操縦

違法な仮装取引や馴合取引を認定することはそれほど困難なことではない。

これに対して、現実の取引による相場操縦の認定は容易ではない。大量に買い注文を出せば価格は上昇する。反対に、大量に売り注文があれば価格は下落する。これらの取引が投資者の必要に応じて正当に行われることもあり、正当な取引と違法な相場操縦とを見極めることが求められる。この点、金融商品取引法は、「取引を誘引する目的」（誘引目的）をもって「相場を変動させるべき」取引（変動取引）を行うことを禁止している（159条2項）。このように、現行法は、**誘引目的**と**変動取引**という二つの要件によって、正当な取引と違法な取引を区別している。

「誘引目的」は、相場が自然な需給関係により形成されるものと投資者を誤認させ、市場での売買に誘い込む目的と解するのが最高裁の見解である。しかし、この目的も、公言する者がいない以上、内心の問題として、状況証拠により認定するしかない。現在では、「取引手法の経済的合理性」と「取引がなされた背景（動機）」を総合的に検討し、違法な取引であるか否かを判断するという立場が一般的である。

第1章 不公正取引の規制

■相場操縦に関する課徴金の勧告件数と課徴金額

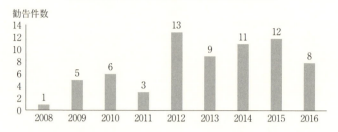

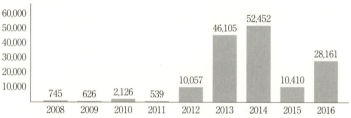

＊証券取引等監視委員会「金融商品取引法における課徴金事例集——不公正取引編」(平成29年8月)

　たとえば，ある株式の売却をしようとしている者が，市場価格以上で当該株式を買い付ける行為は，常識では考えにくい。しかも，取引の手法が，前日の終値よりも高く，また，1円刻みで価格を引き上げるような場合には(「買い上がり」などと言われる。反対に，継続して，安値の注文を出すことを「売り崩し」という)，「誘引目的」が十分に認定できるものとなろう。

　以上の規制に違反した場合，10年以下の懲役または1000万円以下の罰金またはこれらが併科される (197条1項5号)。さらに，この場合，法人にも7億円以下の罰金刑が科せられる (両罰規定。207条1項1号)。課徴金の納付命令の対象ともなる (173条)。

　なお，一定の要件のもと，相場操縦が認められる場合がある。会

社が大量に株式の発行を行う場合，一時的に，需給バランスが崩れ，株価が下落することがある。このような場合に，相場を支える取引が許容される（これを**安定操作**という）。そこでは，本来株価が下落するところ，人為的にそれを固定するものであるという点で，相場操縦の一つであることに変わりはない。そのため，安定操作ができる場面は政令で規定され（安定操作ができる者は金融商品取引業者に限られる），かつ，投資者に安定操作取引についての開示を行うことが求められる（159条3項参照）。これに違反する安定操作は，違法な株価操縦として処罰される。

⑷ 偽計取引

金融商品取引法は，何人も，株式の売買のため，または相場の変動を図る目的で，「偽計を用い」または「暴行」もしくは「脅迫」をしてはならないと定めている（158条）。「暴行」「脅迫」とは，なんとも物騒な話である。過去には，ディスカウントショップを経営する会社の株価を下落させ，空売りによって利益を得ようと，新聞社や同社に放火を予告し，さらに，実際に同社の店舗に放火した者が，現住建造物放火未遂のほか，上記の金融商品取引法上の「暴行・脅迫罪」に当たるとされた事件があった。

また，「偽計」とは，一般的に，他人に誤解を生じさせる詐欺的または不公正な策略・手段を意味する。近年，いわゆる「**不公正ファイナンス**」と呼ばれるものに対して，「偽計」で告発された事例が注目されている。これには，たとえば，つぎの事例がある。①Ⅰは，Ｊ会社（新興企業かつ上場会社）の経営権を取得する。その後，②Ⅰは，Ｊ会社に，Ｋファンド（Ⅰが事実上支配している）を相手に新株発行を行わせる。③外部的には，ＫファンドからＪ会社に対して出資金が払い込まれたという情報開示がなされるものの，実際には，

④その資金はすぐに社外に流出させられている。この虚偽の情報によりJ会社の株価は高値を維持し、⑤Kファンドは取得したJ会社の株式を高値で市場売却することができた。これらの一連の行為が「偽計」に当たるとされた。

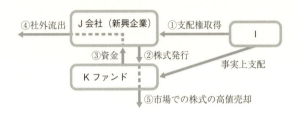

(5) 大量推奨販売・作為的相場形成

これまで述べてきた規制は、「何人」にも適用されるものであった。これらに加えて、金融商品取引法は、金融商品取引業者（証券会社）に対して特別の規制を定めている。

まず、金融商品取引業者が、特定の銘柄を選定し、一定期間継続して、その販売力を集中させて顧客に売却することがある。このような販売方法（**大量推奨販売**）は、顧客の意向や資金力を無視した強引な販売となりやすい。金融商品取引業者の販売によって特定の銘柄に注文が殺到すれば、その株式の価格が上昇する。これに加えて、このような販売が順調に行われるためには、その期間中株価が上昇傾向にあることが必要で、そのために相場操縦が行われる危険性もある。以上のことから、金融商品取引業者は、一定期間継続して一斉かつ過度に勧誘する行為で、公正な価格形成を損なうおそれがある取引を行うことが禁止されている（38条8号、金商業等府令117条1項17号）。これらに違反した場合は、監督官庁により行政処

2 相場操縦

分が下される。

かつて，証券会社が，ある鉄道会社の株式を顧客に対して集中的に勧誘・販売するといった事例があった。これにより，1600円前後であったその会社の株価は3000円にまで上昇した。このような行為には，暴力団関係者が同社の株式を大量に買い付けており，その持株の価値を高めるため，株価を持ち上げたのではないか（相場操縦）という疑惑があった。しかし，この証券会社以外の証券会社も同様の勧誘を行っていた。そのため，株価の高騰とこの証券会社の行為との因果関係を証明することが困難であり，大量推奨販売による行政処分のみが課せられた。

さらに，金融商品取引業者は，相場を変動させ，釘づけし，固定・安定させ，取引高を増加させる目的をもって，取引を行うことが禁止される（**作為的相場形成**の禁止。38条8号，金商業等府令117条1項19号）。前述の相場操縦規制では，要件として「誘引目的」が必要であった。これに対して，作為的相場形成の規制では，かかる要件は存在しない。

会社が発行する社債のなかには，一定の条件のもと，他の会社の・・株式（対象銘柄の株式）に転換されるものがある（一般的な転換社債型新株予約権付社債であれば，社債発行会社の株式に転換される。他社の発行する株式に転換される社債は「**他社株転換条項付社債（EB）**」と呼ばれる）。そこでは，対象銘柄の株価の水準によりボーナス・クーポン（追加利息）を支払う約定がなされていた。そこで，ある証券会社は，ボーナス・クーポンを支払うか否かを判定する日に，取引終了間際に，対象銘柄について売り注文を大量に行い，株価を下落させた。これは，当該社債について追加利息の支払いを回避するために，株価を引き下げる目的で行われたもので，他の投資者を取引に引き込むというものではなかった（誘引目的はなかった）。そのため，この

55

第 1 章　不公正取引の規制

証券会社の行為については，作為的相場形成として，行政処分が下された。

第2章　企業買収に関する規制

1　企業買収の意義

(1)　企業買収の方法

> 　ワインなどの輸入・販売で関西各地に店舗を展開する同志社物産株式会社（本社京都府京都市。以下，D会社という）は，営業を拡大し，関東に進出しようとしていた。この場合，D会社には，関東地方で，新たに店舗を開設するという選択肢がある。しかし，すでに，関東地方では他の会社が同様の事業を行っており，また，文化や風土の異なる地域で事業がうまく展開できるか不安もある。そこで，D会社の経営陣は，同種の事業において，すでに関東地方での基盤を確立している株式会社安中商事（上場会社。本社群馬県安中市。以下，A会社という）を手に入れようと考えた。

　本章では，この設例をもとに，企業買収に関して金融商品取引法が定める規制を見ていくことにしたい。

　まず，D会社の選択肢として，A会社を吸収合併するという方法がある。**吸収合併**では，消滅会社の財産や株主関係が，すべて包括的に存続会社に移転する。すなわち，D会社を存続会社，A会社を消滅会社とする合併では，店舗を含めA会社の財産がD会社に移転する。この場合，A会社の株主A′はD会社の株主になる。さらに，A会社の債権者G_2はD会社の債権者となる。

57

第2章　企業買収に関する規制

■吸収合併とその関係者

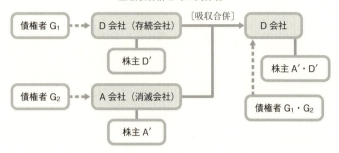

　合併に際して，D会社とA会社の間で，合併契約を締結し（会社法748条），両会社の株主総会の特別決議による承認を得なければならない（会社法783条1項・795条1項・309条2項12号）。合併契約において，どちらが存続会社となり消滅会社となるのか，消滅会社の株主の1株に対して存続会社の株式が何株割り当てられるのか（合併比率）などが決められる（会社法749条1項）。ここで重要なことは，合併には合併契約が必要で，両会社の経営陣が合意に至らない場合には合併は成立しないということである。上記の設例で，D会社は，A会社の経営陣に合併を打診した。しかし，A会社の経営陣はこれを拒絶した。

　このほか，D会社にとって，事業譲渡という選択肢もある。**事業譲渡**とは，商品の売買と同じように，会社の行う事業を売買することである。D会社にとって，A会社の店舗が重要であることから，A会社から，店舗を含めた事業譲渡を受けることでその目的を達成することが可能となる。しかし，事業譲渡もD会社とA会社の契約に基づくもので（会社法467条1項），A会社の経営陣が反対であれば，これを実現することはできない。

　つぎに，D会社の経営陣がとる方法として，A会社の株式を買

58

い集めることが考えられる。A会社は，上場会社であるために，金融商品取引所が開設する市場において，A会社の株式の買付けを行えばよい。D会社がA会社の株式を買い集め，株主総会の議決権の過半数を取得できれば，A会社の現経営陣を解任し，新たにD会社から取締役を送り込むことができる。これが実現すれば，D会社の方針に従って動くA会社の取締役との間で，将来的に合併契約を締結することも可能である（もっとも，前述のように，合併契約はA会社の株主総会の特別決議で可決されなければならない）。

ところで，株価は需要と供給の関係で変動する。需要が増えたり，供給が減ったりすると，株価は上昇する。そのため，D会社がA会社の株式の買付けを進めるにつれて，A会社の株価が上昇することが考えられる。その際，A会社の株価が上昇すると考えた他の投資者もA会社の株式を買付け（このような買付けを「提灯買い」という），その結果，A会社の株価はさらに上昇することが予想される。こうした状況では，D会社がA会社の株式の取得に使える資金には限りがあることから，議決権の過半数を取得することは困難となる危険性がある。やむを得ず，D会社がA会社の買収を断念し，取得した株式を売却しようとしたところ，今度は，市場における供給過剰で，A会社の株価は暴落することも考えられる。このような事態では，D会社はA会社の株式を取得する際に費やした資金（投下資金）を，回収することもできなくなってしまう。

金融商品取引法は，他の会社の株式を取得する方法として公開買付制度を定めている。**公開買付け**は，あらかじめ買付価格を提示し，対象会社の株主から，直接に株式の取得を行うものである。公開買付価格は，通常，市場価格より高い水準に設定される。しかし，市場での買付けと異なり，取得コストをこの範囲で確定することができる（取得コスト＝買付価格×買付数量）。また，取得を希望する数を

第2章　企業買収に関する規制

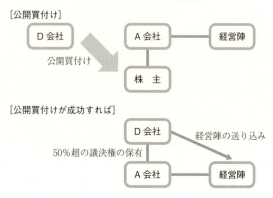

あらかじめ定め、勧誘に応じて売付けを希望する者がその割合に達しない場合、買付けを中止することもできる（先の投下資金の回収が困難となるといった事態を回避できる）。公開買付けでは、対象会社の経営陣が買収に反対であっても、買付けを強行し、経営権を取得することが可能になる（敵対的買収の実現）。

(2) 敵対的買収は悪か

さて、学生の白川さん（以下、Sという）は、教室で、隣に座った東山さん（以下、Hという）が持っている素敵なカバンに目を奪われた。その際、Sは、そのカバンを、「Hの意向を無視して」「無償で（ただで）」取得する行為は許されるであろうか。そのような行為は、当然に許される行為ではない（刑法では、他人の財物を窃取した者は、窃盗の罪とし、10年以下の懲役または50万円以下の罰金とされている〔刑法235条〕）。つぎに、SがHと交渉し、「Hの同意を得て」「有償で（お金を払って）」、カバンを手にいれることはできるであろうか。このような合意は「売買」契約の締結で、当然に許される行為である。

それでは，Sは，Hのカバンを「Hの意向を無視して」「有償で」取得する行為はどうであろうか。Hが席を外した際に，机の上にお金を置いて，勝手にカバンを持ち去る行為は認められるべきではないであろう。同様のことが企業買収で言えるかが問題である。前述の設例で，D会社が「A会社の経営陣の意向を無視して」「有償で」A会社の株主から株式を取得する行為は悪であろうか。それが悪ではないとすれば，カバンの場合と何が違うのであろうか。

　結論を言えば，D会社がA会社の経営陣の意向を無視して，A会社の株主から有償で株式を取得する行為は許される。先のカバンとの違いは，A会社の経営陣はA社の所有者でないことにある。カバンの所有者はHであり，その所有権を有している。そのため，カバンを自由に売買することができる（換言すれば，その意向を無視してカバンを取得することはできない）。これに対して，株式会社では，株主が会社に対する出資者であり，会社の実質的所有者である。そのため，A会社の経営陣が反対であっても，A会社の株主が，D会社の勧誘に応じて，保有株式を自発的に売却すれば，それを止めることはできない。

　会社の経営陣が反対の立場を明らかにしている企業買収を一般的に**敵対的買収**という。敵対的買収は，「会社の乗っ取り」とも言われ，一時期，「他人の家に土足で上がるようなもの」と非難されたこともある。確かに，非難されるべき企業買収も存在する。たとえば，反社会的勢力が，会社を乗っ取り，その財産を自分のために流用するといった事例もある。このような会社の価値を毀損するような敵対的買収に対しては，事前にそれを阻止する策（買収防衛策）を講じることが許される。

　しかし，敵対的買収にはつぎのメリットが存在することにも留意が必要である。A会社の株主は，現経営陣では会社の将来に希望

第2章　企業買収に関する規制

を持てないと判断すれば，D会社による公開買付けに際して，持株の売却に応じる決断をするであろう。その結果，D会社がA会社の経営権を握った場合，現経営陣はその職を追われることになる。そこで，A会社の経営陣は，その株主に愛想をつかされないように，A社の経営成績を向上させるように努力するのではないだろうか。すなわち，敵対的買収には，会社の経営陣に，効率的な経営を行わせるインセンティブを与える効果がある。このことから，すべての敵対的買収を阻止できるような買収防衛策は好ましくない。敵対的買収の究極の防衛策は，経営陣が企業価値の向上をもたらす経営を行うことである。

2　公開買付け

⑴　公開買付けとは

公開買付けは，公告により勧誘を行い，市場外で株券等の買付けを行うものである（27条の2第6項）。公開買付けは，英語では，Takeover Bid と言われ，日本では，**TOB** と略することも多い。takeover は会社の支配権の奪取，bid は（株式取得の）勧誘を意味する。また，アメリカでは，**Tender offer** の用語が使われることもある。tender は，フランス語の tendre（広げる，申し出る）に由来する（『ランダムハウス英和大辞典〔第2版〕』〔小学館，1993年〕2790頁）。tender には，ほかに，「優しい，柔らかい」という意味の形容詞として使われることがあるが，敵対的買収に直面した経営陣にとって，それは，とても「優しい申出」とは言えない。

先の設例に戻って，D会社は，A会社の支配権の取得またはその強化を目的に，A会社の株主を対象とした公開買付けを実施した。A会社の株主は，持株を売り渡す法的な義務はないものの，その申出に応じるか否かの判断に迫られることになる。そのため，D会

社が公開買付けを行う場合，それに関する情報の開示が要求される。

公開買付けは，D会社によるA会社の支配に反対のA会社の株主に，持株を売却して，A会社から退出する機会を与えることにもなる。さらに，前述の合併や事業譲渡を行うためには，株主や債権者の保護を目的とした会社法の規制を遵守しなければならない（株主の保護のため，株主総会の決議を要求し，反対株主に株式買取請求権が与えられる。また，債権者の保護のため，債権者異議手続きが法定されている）。しかし，株式取得による支配権の獲得の場合，このような会社法の規制は及ばない。もっとも，この場合でも，利害関係者の利益の調整は必要で，公開買付けの規制は，株主や買収者の取引のための公正なルールの構築といった役割も担っている。この点で，金融商品取引法が定める公開買付けの規制は，**広義の会社法**の一部を構成するものとなっている。

ところで，かつては，商法上，会社による自己株式の取得が厳格に規制されていた時代があった。しかし，その後，自己株式の取得の自由化が段階的に進み，2001（平成13）年の商法改正によって，自己株式の取得は原則禁止から原則自由となった。このような姿勢は，現在の会社法でも変わりはない。自己株式の取得が禁止されてきた理由の一つは，会社が特定の株主からのみ株式を取得することが株主平等の原則に反することに求められていた。そこで，会社法では，会社が自己株式の取得を行う際に，株主を平等に扱うための手続きが規定されている。公開買付けは，公告によりすべての株主に平等の条件で株式の買付けを行うものである。このため，会社法では，市場取引と並んで，会社が自己株式を取得できる手段として公開買付けが規定されている（会社法165条1項）。なお，金融商品取引法では，「発行者以外の者による買付け」（第2章の2第1節）と「発行者による買付け」（自己株式の取得の場合。同第2節）に分けて

第 2 章　企業買収に関する規制

規定を定めている。

(2)　強制的公開買付け

　金融商品取引法では，市場外で，他の会社（有価証券報告書を提出しなければならない上場会社など）の株券等の保有割合（**株券等所有割合**）が 5% を超える買付けを行う場合には，公開買付けによらなければならないものとしている（27 条の 2 第 1 項 1 号）。このように公開買付けを強制するのは，企業買収により支配権の変動が生じる可能性があるなか，対象会社の株主に持株の売却をする機会を与えるためである（「退出機会の確保」という言い方がなされることがある）。

　株券等所有割合は，株式数ではなく，議決権の数で算出する。5% 以下の買付けに規制を及ぼさないのは，そのような割合の買付けでは，支配権の変動に影響がないと考えられたことによる。また，買付けの相手方の人数が 10 名以下（著しく少数）の場合にも，公開買付けの規制は適用されない（同項 2 号，金商令 6 条の 2 第 3 項）。一般的に，少人数からの取得であれば，売り手側の株主に取引交渉力があり，必要な情報を買い手から入手できると考えられる。もっとも，少人数からの買付けであっても，買付けによって保有割合が 3 分の 1 を超える場合には，公開買付けが必要とされる（27 条の 2 第 1 項 1 号）。3 分の 1 という基準は，株主総会の特別決議を阻止できる割合であり（会社法 309 条 2 項），公開買付けの事実は支配権の争奪に関する重要な情報と言える（株式所有が分散している会社では，議決権の 3 分の 1 以上を保有すれば，事実上，会社を支配することも可能である）。

　以上のことから，すでに A 会社の株式の 15% を保有している D 会社が，A 会社の大株主である A′ から A 会社の株式を取得し，その所有割合が 35% になる（3 分の 1 を超えることになる）買付けを行

2 公開買付け

■強制的公開買付制度

株券等の買付け

市場外（相対）での買付け　　　市場内での買付け

株券等所有割合が 5% 超となる買付け　　　同割合が 5% 以下となる買付け

10 名超からの買付け　　　10 名以下からの買付け

株券等所有割合が 3 分の 1 超となる買付け　　　同割合が 3 分の 1 以下となる買付け

公開買付け

おうとしても，A′から直接に（相対で）取得することはできず，公開買付けによらなければならない（これを，「**3分の1ルール**」と呼ぶことがある）。この場合，A 会社の株主すべてが，A 会社の株主であることを継続するか（D 会社の勧誘に応じない），勧誘に応じて，持株を売却するかの選択をすることになる。

　D 会社が A 会社の大株主である A′から相対（あいたい）で株式を取得できるとすれば，通常，市場価格より高い値段で取引を行うと考えられる（たとえば，株価が 1000 円であれば，1200 円で取得する）。大株主の保有する株式は，支配権の変動を左右するため，このような高値分は**支配権プレミアム**と呼ばれる。こうした取引を許さず，公開買付けを強制することは（たとえば，公開買付価格を 1200 円とする），A′以外の A 会社の株主全員に，支配権プレミアムを分配する

65

第 2 章　企業買収に関する規制

という効果が認められる。

Column 5　株券等所有割合の計算方法

　公開買付けが必要となる基準である株券等所有割合の算出にあたっては，買付者が保有する議決権の数だけではなく，**特別関係者**が保有する数も合算される。特別関係者には，買付者と株式の所有関係・親族関係などで結ばれている者（**形式的特別関係者**）と買付者との間で共同して議決権の行使の合意をしている者など（**実質的特別関係者**）とがある。

　また，買付者および特別関係者が実際に保有する議決権のほか，将来的に発生する議決権（**潜在議決権**。新株予約権の行使で交付される株式の議決権など）も合算される。

　以上のことから，たとえば，総株主の議決権が 200 万個で，買付者と特別関係者が保有する議決権が合計で 80 万個であれば，株券等所有割合は 40%（80 万／200 万）となる。また，この場合，買付者が新株予約権を保有しており，そのすべてが行使されば 50 万個の議決権が発生する場合，株券等所有割合は 52%（80 万＋50 万／200 万＋50 万）となる。

$$株券等所有割合 = \frac{買付者（＋特別関係者）の所有する議決権の数 ＋買付者（＋特別関係者）の所有する潜在議決権の数}{総株主の議決権の数 ＋買付者（＋特別関係者）の所有する潜在議決権の数}$$

　ところで，著しく少数の者から（10 名以下から）の市場外での買付けで株券等所有割合が 3 分の 1 を超える場合であっても，すでに議決権の 50% 超を保有する者が行うときには，公開買付けの方法は強制されない（27 条の 2 第 1 項，金商令 6 条の 2 第 1 項 4 号）。すでに 50% 超の議決権を保有していることから，支配権の移転が発生することはないからである（このほか，グループ企業の間の取引でも，

グループ企業全体では支配権が移転していないと考えられるため，公開買付けは強制されないといった例外がある）。

なお，上場会社の株式を市場内で買い付ける場合は，公開買付けの規制は及ばない。既述のように，市場内の取引のみで，支配権を獲得できるだけの株式を取得することは一般には困難である。また，市場内の取引においては，競争売買の原則から，株主間に不平等は生じないと考えられる。

> ### Column 6　公開買付規制の脱法的行為
>
> 　既述のように，株券等所有割合が 3 分の 1 を超えることとなる買付けには公開買付規制が適用される。もっとも，上記のような公開買付けの規制が及ばない買付けを組み合わせることで規制を免れることが問題となった。たとえば，①大株主（10 名以下）から市場外で33% の株式を買い付け（3 分の 1 以下の買付け），②1% を市場取引で買い付けた場合，合計で 34% の取得となる。このような取引の組み合わせで，最終的に株券等所有割合が 3 分の 1 を超えるにもかかわらず，公開買付規制の適用を受けない買付けが可能となる。そのため，2006（平成18）年の改正で，一定期間の間に，市場外と市場内の取引を組み合わせた取引についても公開買付規制を及ぼすことになった。すなわち，①の取得（市場外で 5% 超の取得）と②の取得（市場内取引での取得）の合計が 10% 超となり，取引の結果，持株割合が 3 分の 1 を超え，それが 3 か月以内に行われるものであれば，すべて公開買付けによらなければならない。これは，3 か月の間の取引を「かたまり」と見て，それが，5% 超の市場外取引を含む10% を超える場合に，公開買付けを要求するものである。
>
> 　たとえば，すでに A 会社の株式の 15% を保有していた D 会社が，①A´から市場外で買い付け，その株券等所有割合を 22% にした場合（7% の買付けで，これは，市場外での 5% 超の買付けに該当する）。さらに，②3 か月以内に，株券等所有割合が 3 分の 1 超になる買付けを市場で行うこと（5% の買付けでは，①と②を合計して

第2章　企業買収に関する規制

> 12%となり，これは，合計で10%超の買付けとなる）は許されない。②は，市場での買付けのほか，公開買付けによる取得も認められない。そのため，D会社が公開買付けを行うには，①から3か月待たなければならない（あるいは，①の段階で，3分の1超の保有を目指した公開買付けを行う必要がある）。

　金融商品取引所では，大口の買い注文を出した場合でも，それに対応する大量の売り注文がないこともある。そのため，大口の取引の成立が困難となることもある。そこで，大口取引などに対応するために，通常の取引市場（立会市場という）と独立した取引（**立会外取引**）の制度を設けている。これには，東京証券取引所の **ToST-NeT**（Tokyo Stock Exchange Trading NeTwork System．トストネット）取引がある。

　2005（平成17）年に，ライブドアの関連会社がニッポン放送株式を ToSTNeT-1（立会市場の直近値の上下一定の幅の価格で相手方・数量等を指定できるもの）によって大量に取得した際に，このような取引が市場取引と言えるかが問題となった。市場取引であれば，その取得は適法であるものの（市場取引には公開買付規制が及ばない），そうでなければ，公開買付規制違反となる。裁判所は，このような立会外取引も，東京証券取引所のシステムを利用したもので市場取引に該当するとした（東京高等裁判所平成17年3月23日決定〔判例時報1899号56頁〕）。もっとも，立会外取引は，形式的に，市場取引であるとしても，市場取引の基本である時間優先の原則も価格優先の原則も働かず，むしろ，相対取引（一対一の取引）に近いものである。そのため，本来的に，公開買付規制の適用を除外することは妥当ではない。そこで，2006（平成18）年の改正で，このような取引であっても（「特定売買等」という用語が使用されている），買付け後の所有

割合が 3 分の 1 を超える場合には，公開買付けによらなければなら
ないものとされた（27 条の 2 第 1 項 3 号，平成 17 年金融庁告示 53 号。3
分の 1 以下の取得であれば，トストネット取引で取得することができる）。

(3) 開示規制

　D 会社が A 会社の株主に対して公開買付けを行う場合，D 会社
は，買付条件，買付目的などを記載した**公開買付届出書**を内閣総理
大臣に提出しなければならない（27 条の 3 第 2 項）（Ⓐ）。公開買付届
出書は公表（公衆縦覧）される。また，D 会社は，A 会社に対して
公開買付届出書の写しを送付しなければならない（A 会社は上場会
社であるので，A 会社が株式を上場している金融商品取引所にも写しの送
付が必要となる。同条 4 項）。さらに，D 会社は，A 会社の株主から
株式の買付けを行うためには，公開買付届出書と同じ内容を記載し
た説明書（**公開買付説明書**）を交付しなければならない（27 条の 9）
（Ⓑ）。これらは，A 会社の株主が D 会社の公開買付けに応じるか
どうかの判断を行うために必要な情報提供を行うものである。

　また，公開買付けを行う場合，D 会社は，**公開買付開始公告**を行
わなければならない（Ⓒ）。この公告は，①電子公告（金融庁の開示
用電子情報処理組織〔EDINET〕）または②時事に関する日刊新聞紙に
掲載して行う必要がある。現在では，①が多く利用されているが，
その場合でも，公告をした事実や電子公告アドレスなどを②に掲載
しなければならない。

　公開買付けに際して，対象会社の株主が公開買付けに応じるイン
センティブを与えるため，通常，時価より高い買付価格が提示され
る。時価より高い部分を**プレミアム**と呼ぶことがある。企業買収は，
他の会社の経営が非効率であるなど，その会社の株価が低迷してい
る場合（本来の会社の価値から株価が乖離している場合），自らが経営を

第2章　企業買収に関する規制

■公開買付開始公告

公開買付開始公告についてのお知らせ

平成○年 11 月 11 日

各　位

京都市上京区……
同志社物産株式会社
代表取締役　新島襄次郎

　当社は，平成○年 11 月 10 日開催の取締役会において，金融商品取引法による公開買付けを行うことを下記の通り決議しました。

記

1	対象者の名称	安中商事株式会社
2	買付け等を行う 株券等の種類	普通株式
3	買付け等の期間	平成○年 11 月 11 日（金曜日）から 平成○年 12 月 26 日（金曜日）まで
4	買付け等の価格	普通株式 1 株につき，金 1,300 円
5	買付予定の株券等の数	買付予定数　　　　　100,000 株 買付予定数の下限　　 90,000 株 買付予定数の上限　 100,000 株
6	買付け等を決済する 金融商品取引業者の名称	○○証券会社

なお，公告の内容が記載されている電子公告アドレスは次の通りです。
http://disclosure.edinet-fsa.go.jp/

以上

行うことで，会社の価値（株価）を高めることができると判断した場合に行われる。たとえば，A 会社の株価が 1000 円であるものの，本来の価値が 1500 円であると判断した場合，D 会社は，1300 円で株式を取得したとしても，200 円の利益を確保することができる。株式を市場で買い集めると対象会社の株価は上昇する。公開買付けでは買付価格を固定できるため，市場価格より高い買付価格を設定したとしても，市場買付けに必要なコストより低いコストで株式を取得することも可能となる。

プレミアムは，基本的には，買収後の対象会社の企業価値をもとに算出される。かつては，このプレミアムの平均は 20 パーセント前後と言われた時代もあった。最近の研究では，それは 40 から 50％ に上るとするものもある（2006 年から 2013 年の統計。田中亘＝森・濱田松本法律事務所編『日本の公開買付け——制度と実証』〔有斐閣，2016 年〕305 頁）。プレミアム分を含めた買付価格を判断することができるように，買付者は，株主に買付価格の算定の根拠，算定の経緯を具体的に開示することが求められている。

公開買付けの対象会社である A 会社は，公開買付開始公告の日から 10 日（営業日）以内に，公開買付けに関する意見を記載した書類（**意見表明報告書**）を内閣総理大臣に提出しなければならない（27 条の 10 第 1 項，金商令 13 条の 2 第 1 項）（⑩）。意見表明報告書は公衆縦覧される（27 条の 14）。意見表明報告書は，A 会社の経営陣が D 会社の公開買付けに対してどのように考えているかを明らかにするもので，このような情報は，A 会社の株主にとって公開買付けに応じるかどうかの判断をする上で重要な情報となる。

Column 7　公開買付けの競合（TOB 合戦）と対象会社による意見表明

2017（平成 29）年に，電子部品商社のソレキア株式会社の株主に対する佐々木ベジ氏による公開買付けの実施が公表された（敵対的買収）（公開買付け①）。これに対して，ソレキアの意向を受けた富士通株式会社が（ソレキアを救済するホワイト・ナイト〔白馬の騎士〕として登場），これに対抗するために，公開買付けを行った（公開買付け②）。公開買付けの対象会社であるソレキアは，①に対して，企業価値（ひいては株主共同の利益）の毀損につながる可能性が否定できないとして，公開買付けに反対し，株主に対して公開買付けに応募しないことを推奨する意見を表明した。他方で，同社は，②に対して，

第2章 企業買収に関する規制

富士通の完全子会社となることで期待できるシナジー効果等から，公開買付けに賛成し，株主に対して公開買付けに応募することを推奨する意見を表明した。

その後，両者による公開買付価格の引き上げ合戦が展開され，最終的に，①において，②より高い価格が提示されたことにより（当初，①において1株2800円の価格が提示されたが，最終的な価格は，②が1株5000円，①が1株5450円に引き上げられた），②の公開買付けが不成立，①の公開買付けが成立した。この買収劇は，日本では異例のTOB合戦が行われ，さらに，対象会社の賛成を得た対抗的公開買付けが不成立になるという結末を迎えたものとして注目を集めた。

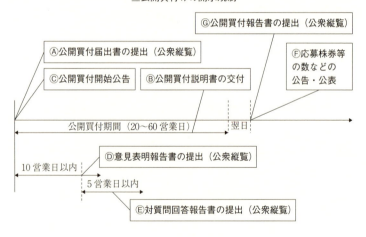

■公開買付けの開示規制

意見表明報告書の写しは，公開買付者であるD会社にも送付される。この場合，A会社からD会社に質問がなされることがある。このような質問があったときには，D会社は，意見表明報告書の送付を受けた日から5日（営業日）以内に，**対質問回答報告書**を提出し

なければならない（27条の10第11項，金商令13条の2第2項）（Ⓔ）。
対質問回答報告書は，公衆縦覧され，この写しは，Ａ会社に送付
される（27条の10第13項・27条の14）。

　公開買付者は，公開買付期間の末日の翌日に，応募株券等の数な
どを公告・公表しなければならない（27条の13第1項）（Ⓕ）。さら
に，同日，同様の内容を記載した**公開買付報告書**を提出しなければ
ならない（同条2項）（Ⓖ）。公開買付けの結果は，市場に大きな影
響を与えるため，このような開示が要求されている。

(4) 取引規制

　金融商品取引法においては，公開買付けの規制は，第2章の2
「公開買付けに関する開示」のなかで規定されている。これからも
わかるように，立法当初は，公開買付けの規制は開示規制の一つと
位置付けられていた。しかし，近年の一連の改正により，株主の間，
あるいは買収が競合した場合の買収者の間の公平を図るものなど，
取引の公正性を確保するための規律を内容とするものも多い。

　公開買付けは，原則として，公開買付開始公告の日から起算して
20日以上で60日以内（いずれも営業日）に行う必要がある（27条の
2第2項，金商令8条1項）。公告の日から20日以上経過しなければ
買付けができないのは，この間，株主に株式売却の判断をさせる時
間的余裕を与えるためである。また，公告の日から60日以内に買
付けを終了しなければならないのは，買付期間が長すぎると，公開
買付けに応じた者が長く不安定な地位に置かれることに加えて，市
場の公正な価格形成に悪影響があることを考慮したためである。

　公開買付けの期間は，上記の範囲であれば買付者が決定すること
ができる。もっとも，買付期間が30日よりも短く設定されたとき
は，対象会社は，一定の手続きを経て，買付期間の延長を請求する

ことができる(27条の10第2項)。対象会社が、公開買付けに対抗するために会社側の提案等を作成して株主に提示する時間が必要な場面がある。また、あまりに短い買付期間は株主の熟慮を妨げる危険性がある。そのため、上記のような買付期間の延長請求が許容される。また、買付者にも、自己の公開買付けに対抗するような公開買付けが行われた場合、買付期間を延長することが認められる(金商令13条2項2号ロ)。

D会社は、公開買付けにおいて、A会社の株主すべてに均一の価格で買付けをしなければならない(27条の2第3項、金商令8条3項)。A会社の株主A′から1株1000円で買い付け、株主A″から1株1200円で買い付けることは許されない。

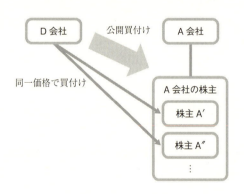

また、D会社は、公開買付期間中、公開買付けによらないで、A会社の株主A′から、個別に買付けをすることが禁止される(**別途買付けの禁止**。27条の5)。この場合、D会社は市場での買付けもできない。

2 公開買付け

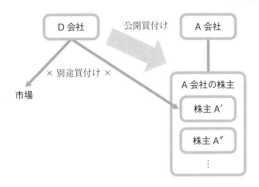

　さらに，D会社が買付けを希望するA会社株式の数が10万株であった場合で，公開買付けに応じるとした株主の保有する株式数が12万株であれば，D会社は，各株主から10／12の割合で買付けを行うことが義務づけられている（按分比例での買付け。27条の13第4項2号・5項）。これらの規制は，対象会社の株主の平等を確保するためのものである。

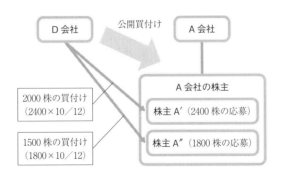

　ところで，A会社は，その創業者である安中太郎（以下，ATという）が株式の35％を保有していた。D会社がA会社の株主に公

第 2 章　企業買収に関する規制

開買付けを開始したことを知った AT は，D 会社の企業買収に対抗するため，さらに A 会社の株式を買い増そうとした。この場合，D 会社は，上記のように，公開買付期間中は別途買付けが禁止される。これに対して，AT が，公開買付規制を受けずに，株式を買い増すことができれば，D 会社との間で競争上の不平等が生じる。そこでは，2006（平成 18）年の改正で，公開買付けが実施されている場合の大株主による競合的買付けについて公開買付規制を及ぼすこととした。すなわち，D 会社により A 会社の株主に対して公開買付けが行われている場合，A 会社の株券等所有割合が 3 分の 1 を超える AT が，さらに 5% 超の株券等の買付け等（**競合的買付け**）を行う場合，その買付けは公開買付けによらなければならない（27 条の 2 第 1 項 5 号）。

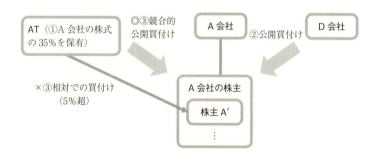

Column 8　ディスカウント TOB

公開買付けは，市場価格に一定の値段を上乗せして行うことが通常である。しかし，市場価格より安い値段を公開買付価格とする場合がある。たとえば，B 会社の創業者で大株主の B′ は，B 会社の株式の 51% を保有していたが，B は高齢を理由に B 会社の経営から手を引き，持株をすべて C 会社に譲渡することにした。しかし，C 会社による株式取得は，株券等所有割合の 3 分の 1 超に当たるため，C

会社は B′ から相対で取得することができず，公開買付けを実施しな
ければならない。この場合，プレミアムを載せた価格で公開買付けを
実施すれば，B 会社の他の株主（たとえば，B″）も応募する可能性
がある。C 会社が B 会社の株式の 51％ の取得で十分と考えていた
ときに，応募株主全員から按分比例で株式を取得した結果，株主 B′
は持株すべてを譲渡することができなくなるという事態が発生する
（手残り株が生じる）。そこで，C 会社は，他の株主（B″ など）が応
募する可能性のない市場価格より低い値段で公開買付けを実施するこ
とで，他の株主の応募を回避しなければならない。もっとも，市場価
格より低い値段での取引は，市場価格に影響を及ぼし，対象会社の株
価が乱高下するという問題をもたらす危険性がある。

　なお，D 会社が A 会社の株主に公開買付けを実施している場合
に，さらに，AT が A 会社の株主に競合的公開買付けを行い，D
会社よりも高い買付価格を提示した場合，D 会社は自らの公開買付
けについて買付価格を引き上げることができる（Column 7 参照）。
D 会社の買付価格が 1200 円で，AT の買付価格が 1300 円であれば，
D 会社は 1300 円以上の価格に引き上げることができる。A 会社の
株主は D 会社の公開買付けについて，1200 円の買付価格で売付け
に応じる申出をしたものの，後に，AT からの買付価格（1300 円）
を見て，D 会社の公開買付けに応じることを撤回することが許され
る。公開買付けの撤回を認めない場合，株主は，その後の競合的公
開買付けの予測が立たず，最初の公開買付けに応じるかどうかの判
断を行うことが難しくなる。他方で，公開買付者は，原則として，
公開買付けの撤回をすることができない。公開買付けに応じるとし
た株主の期待利益を確保する必要があるとともに，買付けを撤回で
きないとしても，基本的に，買付者に不利益が生じる危険性は少な
い。

(5) 公開買付けの強圧性

D 会社が A 会社の株主に対して公開買付けを実施した場合，A 会社の株主はこれに応じる義務はない。たとえば，公開買付価格に不満である場合，現経営陣による経営を支持する場合などは，株主は公開買付けに応じることを拒否できる。もっとも，以下のような場合には，株主は，実際上，不本意ながら，公開買付けに応じることを余儀なくされる。

たとえば，A 会社の株価は 1000 円で，D 会社による公開買付価格は 1300 円に決定された。公開買付けでは，対象会社の株式を全部買い付けるものと（全部買付け）と，その一部を買い付けるものとがある（部分買付け）。D 会社は，株主総会の特別決議の可決を可能とする 67% の取得を目指して，A 会社の株式について部分買付けを行った。その際，残りの株式については，公開買付け終了後，会社法の定める方法（株主総会の特別決議が必要）で強制的に取得し，最終的には，100% 子会社化する計画であった（このような買収を**二段階買収**という）。

さて，上記の例で，公開買付けで D 会社が 67% の株式を取得した後，第二段階の買収において，残存株主が不利に扱われる可能性がある場合（たとえば，第二段階の買付けは 1000 円で行う），A 会社の株主は，公開買付価格である 1300 円に不満であったとしても，公開買付けに応じることを事実上強制されることになる。そこでは，株主の投資判断が歪められてしまうという問題が生じる。また，強圧性を利用すれば，本来成功しない企業買収，すなわち，現経営陣より経営能力の劣る者による企業買収を成功させてしまうという弊害もある。

上記の強圧性は，第二段階の買付価格を第一段階の公開買付価格と同等のものとさせることで防ぐことができる（たとえば，株主総会

の特別決議に反対の株主に買取請求権が付与されるが，その買取価格〔「公正な価格」と規定されている〕を上記のように定めることが考えられる）。

もっとも，第一段階の公開買付けのみがなされる場合であっても，無能な経営者による買付けが成功すれば，買収後の会社の株価が公開買付け前の市場価格を下回る可能性もある。また，一般的に，公開買付け前の市場価格は，上昇傾向にあることからすると，買付け後に株価が下落する可能性も高い。このような場面では，やはり，公開買付けに強圧性が存在することになる。

なお，2006（平成18）年の改正で，公開買付け後の保有割合が3分の2以上となる場合は，公開買付者は応募があった株式の全部を買付けする義務が規定された（27条の13第4項本文括弧書）。特定の者が一定割合を超える株式を取得することは，金融商品取引所が定める上場廃止基準に該当する。上場が廃止されれば，株主は持株の売却の機会を失うなど不利な立場に置かれることとなる。そのため，上記の場合，公開買付けに応募した株主については，その応募株式すべてを買い取ることを義務づけることにした（**全部買付義務**）。しかし，これは，公開買付けに応募した株主を救済するもので，その応募を見送った株主には適用はない。そこで，上記の対応では，公開買付けに応じるかどうかの段階で生じる強圧性の問題を解決するものとはなっていない。

第2章　企業買収に関する規制

(6)　経営陣による公開買付け

D会社は，関東地方への進出に続き，九州地方にも業務を拡大する計画を有していた。そこで，D会社は，熊本に本店を置き，九州全域に店舗を有する「リカーショップ熊本」（以下，RK社という）の買収を行うことを検討していた。RK社は福岡証券取引所に株式を上場する会社であった。

RK社の創業者一族で代表取締役であるTは，このようなD会社の動きを警戒し，買収防衛策を導入することについて顧問弁護士と相談した。その際，顧問弁護士から，「MBOをやりませんか」という提案がなされた。

MBO（Management Buyout）は，会社の経営陣が自社の株式の公開買付けを行うものである。会社の経営者が投資ファンドから資金の援助を受けて，株式を取得することも多い。MBOが成功すると，RK社の株主は経営陣（または，経営陣と投資ファンド）のみとなるため，敵対的買収は不可能となる。また，その株式の上場は廃止される。上場廃止により，上場に要するコスト（開示書類の作成やその監査費用など）を削減することができる。さらに，RK社は，既存の株主から，短期的な目標をたて，近い将来，ROEを8%以上にするように要求が強まっていた。MBOによって，このような短期利益を追求する株主の意向を排除し，長期的な経営戦略を立てることもできる。

RK社は創業者一族によって経営が行われていた。九州地方での知名度も高く，上場を廃止したとしても，金融機関の信用が損なわれることもなく，また，新入社員の獲得に支障はないと考えられる。そこで，RK社の経営陣にとって，顧問弁護士の提案は魅力あるものに思えた。

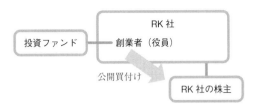

Column 9　ROE（自己資本利益率）

ROE（Return on Equity）とは，当期純利益の純資産に対する割合をいう。株主から調達した資金と内部留保した資金によって，どの程度の利益をあげているかを見る尺度として使用される。近年，ROEの改善を経営目標とする上場会社が増えている。ROEは，株主からの資金が有効に利用されているかどうかを示すものである。もっとも，これまで，日本の会社のROEは，世界的に見て，高い水準にあるとは言えなかった。しかし，機関投資家などに株主総会における議決権の行使の助言をする会社（**議決権行使助言会社**）が，ROEが低い会社に対して，取締役選任議案に反対するように株主に助言する動きなどがあり，会社の姿勢が注目されている。

$$自己資本利益率 = \frac{当期純利益}{純資産（期首・期末平均）} \times 100$$

他方で，MBOによって，株主は経営陣側のみとなり，株主による経営陣に対する圧力がなくなり，この点で，市場の監視が行き届かなくなるといった問題が指摘されている。さらに，MBOを行う手段として利用される公開買付けは，買付者が外部の者ではなく，内部の経営者であることに特徴がある。そこでは，公開買付価格の公正性をいかに確保するかが問題となる。すなわち，RK社の経営陣にとって，RK社の株式を対象とする公開買付けを行う場合，公開買付価格はなるべく安いことが望ましい。公開買付価格は，RK

第 2 章　企業買収に関する規制

社の過去の株価を基準に一定のプレミアムを載せて決定される。しかし，この場合，RK 社の経営陣は，たとえば，公開買付けの前に，業績の下方修正を公表するなどして，会社の株価を引き下げることが考えられる（このような株価を基準としてプレミアムを載せた価格は全体として低くなる）。また，RK 社の経営陣は会社の内部者であり，会社の将来についての見通しも熟知している。その上で，RK 社の経営陣はこのような情報（たとえば，株価を引き上げるグッド・ニュース）を隠して，公開買付けを実施することも考えられる。このように，MBO では，株式を取得しようとする経営陣はすでに既存の株主のために行動するインセンティブを失う存在になる（利益相反の発生）。そこで，金融商品取引法では，MBO に関して特別の開示規制を定めている。

　まず，RK 社の経営陣は，買付価格を算定する際に第三者である専門家の意見を徴取した場合，その評価書の写しを公開買付届出書の添付書類として提出しなければならない（公開買付開示府令 13 条 1 項 8 号）。特別の理由なく，第三者の意見を徴取しない場合，株主は買付価格の妥当性に疑問を持つであろう。したがって，実際には，買付けを成功させるためには，このような意見書の徴収は不可欠と言える。

　また，MBO の場合でも，RK 社として，公開買付けについての意見表明を行わなければならない（意見表明報告書の提出）。通常，意見表明は取締役会の決議で行われる。この場合，MBO に参加する RK 社の代表取締役 T は取締役会における特別利害関係人として議決に加わることができない（会社法 369 条 2 項）。このほか，公開買付けの実施を決定するに至った意思決定の具体的内容や，利益相反を回避する措置を講じている場合には，その具体的な内容を記載しなければならない。

3 大量保有報告

⑴ 大量保有報告とは

　某国の投資ファンドであるコットン・パートナーズは，安値で購入した株式を発行企業や関連会社に高値で買い取らせることで知られていた。同ファンドは日本にも進出し，その矛先は，D会社にも向けられた。同ファンドの日本法人（以下，Cファンドという）は，D会社の株式を大量に買い付け，その年の株主総会では，Cファンドの役員をD会社の社外取締役とすること，剰余金の配当を大幅に増額することなどを求めて株主提案を行った。なお，D会社の発行済株式総数は100万株で，Cファンドは，このうち10万株を保有していた。

　この半年の間，D会社の株式に買い注文が増え，その株価は上昇傾向にあった。しかし，それが誰によるものであるのか，企業買収（経営権の取得）を目的とする買占めであるのか，もしくは，単なる投資（純投資）によるものであるのか，通常，投資者には判断がつかない。企業買収を目的とする買占めであれば，将来的にD会社の経営陣に変動が生じる可能性がある。株式の買占めは，秘密裡に，高値で買い取らせる（肩代わりさせる）目的かもしれない。そうであれば，肩代わりが終われば，買い注文が激減し，D会社の株価は急落する可能性がある。また，純投資であっても，大量の株式保有は，当該株式の需給関係を変動させ，株価に大きな影響を与えるものと言える。このような買占めがなされている状況では，投資者は安心してD会社の株式に投資を行うことができない。

　投資者が不測の損害を被ることを防止するには，株式を買い占めた当事者にその事実や目的を開示させることが有用である。そのた

第2章　企業買収に関する規制

め，金融商品取引法は，特定の上場会社の株券等の保有割合が5％を超えることになった者（大量保有者）に**大量保有報告書**の提出を義務づけている。この規制により，Cファンドは，D会社の株式の5％超を取得した段階で，その事実を開示しなければならない。また，Cファンドは，その後，持分割合が1％以上増加もしくは減少した場合にもその事実を開示する義務がある（**変更報告書**の提出）。

　このように大量保有者に一定の開示を義務づける制度（「株券等の大量保有の状況に関する開示制度」という）は，1990（平成2）年の証券取引法の改正で導入された。5％を基準とする制度であるため「**5％ルール**」と呼ばれることもある（それに合わせて，本書でも，以下，「5％ルール」という）。5％ルールは，大量保有者に，大量保有に関する情報を開示させるもので，株式の取得自体を規制するものではないことに注意が必要である。

　ところで，上場会社の株式は，市場での売買により，投資者の間に流通する。売買に際して，会社の承諾は不要である。したがって，D会社にとって，株主名簿の書換えがなされるまで，Cファンドが株主であることおよびその保有割合を正確に把握することができない。5％ルールでは，株主名簿の書換えが未了の株主であっても，実質的保有者であれば開示義務を負う。さらに，大量保有者の保有割合のみならず，大量保有者の概要，保有目的，さらに取得資金の出所が明らかにされる（27条の23第1項，大量保有府令2条）。取得資金の出所を開示させることで，資金の提供により，別の者に株式を形式上取得させた場合にも，その事実が明らかとなり，投資者は背後にいる真の株式取得者を知ることができる。以上のことから，D会社の経営陣にとって，Cファンドをはじめとして，大株主の動向をいち早く知ることができる。そのため，5％ルールは，D会社の経営陣に対して，敵対的買収に対する備えを行う時間的余裕を与

3 大量保有報告

えるという間接的な効果をもたらしている。

　前述のように，公開買付けを実施する場合は，公開買付者に一定の開示義務がある。もっとも，公開買付けに関する開示は，これから行おうとする買付けに関する開示である。これに対して，5％ルールの開示は，株式の大量取得後に取得者に開示を要求するものである。規制の利益（保護法益）は，既存の株主のみならず，これから株式を取得しようとする投資者一般に及ぶ。

Column 10　企業買収と委任状の勧誘

　株主は代理人を選任して，自らの議決権を行使させることができる。この場合，代理人に委任状を交付しなければならない（会社法310条1項参照）。CファンドがD会社の株主総会で社外取締役の選任を要求する場合など，D会社の株主に対して，議決権の代理行使の受任を求めて委任状の勧誘を行うことも考えられる。この場合，D会社の側でも株主に対して委任状の勧誘を行えば，委任状の取得合戦（**プロキシー・ファイト**）が展開されることになる。そこでは，委任状が金銭で売買されるという話も聞かれるところである。

　委任状の勧誘が上場会社の株式についてなされる場合，金融商品取引法が特別の開示規制を定めている（194条。**委任状勧誘規制**）。すなわち，委任状の勧誘者は，被勧誘者に対して所定の委任状用紙とともに参考書類の交付を行わなければならない。委任状用紙には，議案ごとに賛否を記載する欄を設けなければならない。委任状勧誘規制は，株主が委任状を通じて議決権を行使する場合に，議決権行使の判断に必要な重要情報に基づいて合理的な議決権の行使をすることができるようにするものである。規制に違反した場合には30万円以下の罰金に処せられる（205条の2の3第2号）。

---

(2)　大量保有者

　5％ルールの対象となる者（**大量保有者**）は，上場会社の株券等の保有割合が5％を超える者である。「5％」という数値は，支配権の

85

第2章　企業買収に関する規制

変動または経営に影響を及ぼす可能性のあるもの，さらに，市場の需給関係に影響を与えるものとして決定された。諸外国では3%を基準とするところもある。5%という基準は，公開買付規制が適用される場合と同じである。もっとも，公開買付規制では，「株券等所有割合」という用語が使用されているものの，実質的には，「議決権の所有割合」を基準としている。これに対して，5%ルールでは，「株券等保有割合」という用語が使用され，そこでは，「株式の保有割合」を基準としている。公開買付規制は，支配権の取得や経営への影響を問題とするため，議決権が基準とされている。これに対して，5%ルールでは，支配権への影響のほか，株式の需給関係への影響も問題とすることから，議決権ではなく，株式の保有割合が基準とされている。

　5%を超えて株券等を取得したにもかかわらず大量保有報告書の提出をしなかった場合には，罰則や課徴金の納付命令の対象となる。しかし，開示を行わないまま，当該株式を売却した場合（たとえば，6%を保有した後，そのことを開示することなく，すべてを売却した場合），5%ルールに違反するものの，この違法行為を摘発することは事実上難しい。もっとも，大量保有者が経営陣との交渉に臨もうとする場合，株主名簿の書換えなどにより，その姿を世間に晒さざるを得ない。そのため，このような者については，通常，5%ルールの遵守がなされることが期待できる。

　ところで，会社が発行した株式を当該会社が保有する場合（自己株式を保有する場合），その株式について当該会社は議決権を有しない（会社法308条2項）。ただし，議決権がなくなるのは会社が取得した時点で，それまでの株主は議決権を有している。そのため，従来は，会社が自己株式を保有する場合でも，その割合が5%を超えるときには，大量保有報告書の提出を行わなければならなかった。

これによって，筆頭株主が「当該会社」というものも少なくなかった。しかし，自己株式について会社は議決権行使ができないことから，会社経営に影響を及ぼすことは考えにくい。他方で，会社が自己株式を取得すれば，当該株式の需給関係に影響を及ぼすことにも留意が必要である。もっとも，自己株式の取得状況は，他の制度により開示が行われるものとなっている（自己株券買付状況報告書など）。以上のことから，2014（平成26）年の改正で，会社が保有する自己株式については，5％ルールの対象外とすることとされた（27条の23第4項）。

> Column 11　株券等保有割合の計算方法
>
> 　開示が必要な大量保有者には，自己または他人の名義をもって保有する者も含まれる（27条の23第3項柱書）。たとえば，株式を取得したものの株主名簿の書換えを終えていない者も開示義務を負う。さらに，保有者には**共同保有者**が含まれる。たとえば，PとQとの間で，株券等の取得による議決権の行使について共同して行うことを合意している場合には，保有割合を合算しなければならない（**実質的共同保有者**。27条の23第5項）。すなわち，Pが4％，Qが3％を保有している場合，合算して5％超となるため，PとQともに7％の保有者として大量保有報告書の提出を行わなければならない（この場合，別々に大量保有報告書を提出する必要はなく，連名で報告書を提出すれば足りる）。このような制度は，複数の者がグループを形成して大量に株券等を買い集める場合に，有益な開示となる。

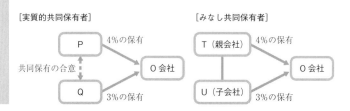

［実質的共同保有者］　　　　　　　　［みなし共同保有者］

また，たとえば，RとSが夫婦である場合，TがUの親会社である場合などは，RとSまたはTとUの間で共同保有の合意がなされる蓋然性が高い。そこで，これらの場合には，議決権の行使に関する合意の有無にかかわらず，共同保有者とみなされる（**みなし共同保有者**。27条の23第6項）。このため，親会社は子会社の保有する株式の割合を把握しておき，自己の保有分と併せて5%を超える場合，あるいは，その後，保有割合が1%増減する場合に開示義務が発生することに注意が必要である。

なお，**潜在株式**は，新株予約権の行使などにより発行が予定されている株式である。公開買付規制と同様に，このような潜在株式数も規制の適用の基準において合算される。

$$\text{株券等保有割合} = \frac{\text{保有者（＋共同保有者）の保有する株券等の数} + \text{保有者（＋共同保有者）の保有する潜在株式数}}{\text{発行済株式総数} + \text{保有者（＋共同保有者）の保有する潜在株式数}}$$

(3) 変更報告書

大量保有報告書を提出しなければならない者（大量保有報告者）は，株券等保有割合が1%以上増加または減少した場合，5日（営業日）以内に，**変更報告書**を提出しなければならない（27条の25）。CファンドがD会社の株式を譲渡し，株券等保有割合が10%から8%に減少した場合，その旨を明らかにするため変更報告書の提出が義務づけられる。譲渡の相手方や譲渡価格の開示義務はない。もっとも，以下の場合には，変更報告書に「譲渡の相手方及び対価に関する事項」を記載しなければならない（同条2項，大量保有府令10条）。

すなわち，60日間に，①保有株券等の過半数を譲渡し（この間の最高保有割合から見て2分の1未満となり）（大量保有報告者の「保有割合」の減少を問題とする），かつ，②譲渡株式数が発行株式総数の5%を超えるものであった場合（全体から見た「減少幅」を問題とする）に特

別の開示が必要となる（金商令14条の8。このような譲渡を「**短期大量譲渡**」という）。D会社の発行済株式総数が100万株であり，Cファンドは10万株を保有していた。その後，Cファンドが，9万株の株式の譲渡を行った場合，①保有割合は10分の1に減少し（過半数を譲渡した），かつ，それが，②発行済株式総数の9％に当たるため（全体の5％を超えて減少した），上記の開示が必要となる。

もし，Cファンドが買い占めた株式を高値でD会社の関係会社であるG会社に肩代わりさせた場合（上記の①②の要件を満たしていれば），関係会社の名称（G会社）と高値である譲渡価格を明らかにしなければならない。高値肩代わり自体は違法なものではない。しかし，G会社は，自社の株主に対して，高値での買取りの正当性を説明することは難しい。これらのことから，5％ルールは，事実上，**グリーンメーラー**（高値で持株を肩代わりさせようとする者）の行為を抑制する効果がある。

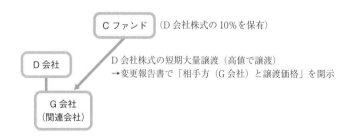

株券等保有割合の増減のほか，大量保有報告書に記載すべき重要な事項の変更があった場合でも，変更報告書の提出が必要である（27条の25第1項）。たとえば，保有目的を「純投資」としていた大量保有者が，その目的を「重要提案行為等を行うこと」（次頁以下参照）へ変更した場合には，変更報告書の提出が義務づけられる。

第2章　企業買収に関する規制

■**大量保有報告書と変更報告書の提出**

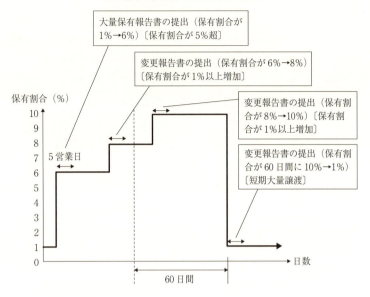

(4) 機関投資家の特例報告

　金融機関や投資ファンドなどの機関投資家は、日常の業務のなかで、継続反復して株券等の売買を行っている。そのため、その都度、他の会社の株券等の保有状況について、詳細な開示を要求することは事務負担が過大となる。したがって、これらの者については、大量保有報告について特例が定められている。

　前述のように、大量保有報告書または変更報告書の提出は、株券等の取得日から5営業日以内に行わなければならない。もっとも、特例報告が認められる者については、あらかじめ定めた基準日（月2回以上定める必要がある）ごとに報告書の提出義務があるかを判断して、その必要があるときには、基準日から5営業日以内に提出することで足りる（27条の26第4項）。2006（平成18）年の改正前まで、

3 大量保有報告

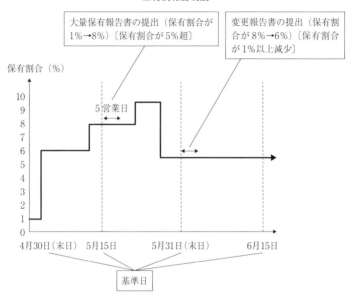

特例報告は，原則として，3か月ごとに15日以内に行うことで足りた。しかし，投資者に対する開示の充実が必要なことから，同年の改正で，上記のように，特例報告はおおむね2週間ごとに5営業日以内に行うものとされた。

特例報告が認められるのは，金融商品取引業者（第一種金融商品取引業者・投資運用業者）・保険会社などの金融機関，外国の法令に準拠して外国で投資運用業や銀行業などを営むものである（27条の26第1項，大量保有府令11条）。もっとも，株券等を発行する会社の事業活動に重大な変更を加え，または重要な影響を及ぼす行為として政令で定めるもの（重要提案行為等）を行うことを保有の目的とする場合には，特例は認められない。**重要提案行為等**としては，代表取締役の選定・解職，役員構成の重要な変更，配当に関する方針の重

第 2 章　企業買収に関する規制

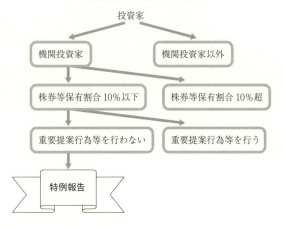

■特例報告制度の適用場面

要な変更，上場の廃止の提案などが規定されている（金商令 14 条の 8 の 2 第 1 項，大量保有府令 16 条）。

　さらに，保有割合が 10% を超える場合も特例報告による開示をすることができない（大量保有府令 12 条。したがって，特例報告が認められるのは，保有割合が 5% 超で 10% 以内の場合に限られる）。株券等保有割合が 10% を超える場合には，対象会社の支配権を取得する目的がない場合でも，対象会社の経営に大きな影響を与えることが考えられる。10% を超える大量保有はその株式の需給関係に重大な影響を及ぼす。そのため，機関投資家の事業の便益を犠牲にしても，情報を迅速に開示し，投資者保護を図る必要がある。

　Ｃファンドは，日本で投資運用業者として登録しており，この点で特例報告の対象となる。また，Ｃファンドの保有割合が 10% を超えることはなかった（最高保有割合は 10%）。しかし，Ｃファンドは Ｄ 会社に対し，前述のように，重要提案行為等（配当政策の重要な変更などを提案）をしているため，特例報告の利用はできない。

第3章 開示（ディスクロージャー）の規制

1 ディスクロージャーの意義

(1) ディスクロージャーの必要性

　金融商品取引法は，証券の発行者に対して，既存の証券所有者（株主など）に限らず，投資判断を行おうとする投資者一般を対象とした情報開示を要請する。投資者が合理的な投資判断をするためには，基礎となる十分な情報を有していることが必要である。そこでは，発行者に正確な情報を開示させたうえで，投資自体は，投資者の自由な判断と責任において行わせようとする原則（**自己責任の原則**）が採用されている。銀行預金であれば，原則として，銀行が元利金の保障をしてくれる。しかし，株式投資においては，投資先の株価が上昇すれば，利益は投資者のものになる反面，目論見が外れ，株価が下落すれば，その損失は投資者が負担しなければならない。最悪の場合，会社が破綻すれば，持株の価値はゼロとなる。この点，銀行が破綻した場合も同様である。しかし，預金については，預金保険の存在で，1000万円までであれば元利金が確保されていることに留意が必要である。すべて自己責任で投資を行うことが前提となる証券投資において，正確な情報開示は，投資者が投資を行う制度的基盤と言える。

　つぎに，なぜ，法律によって情報開示を強制する必要があるのであろうか。投資者が，多額の出資を予定している者であれば，証券の発行者と交渉し，必要な情報を聞き出すことができるかもしれな

第3章　開示（ディスクロージャー）の規制

い。しかし，一般投資家に対して，証券の発行者がそのような対応をとることは考えにくい。株式は小口に細分化され，投資者は，保有する資金の額に応じた投資が可能となる。発行者が大規模な資金調達をするには，情報を引き出す力を持たない小口の投資者による投資を促進することが重要で，そのために，発行者に情報開示を強制する必要がある。

　もっとも，法律で情報開示を強制しなくても，証券の発行者は自発的に情報を開示するインセンティブを有していることにも注目すべきである。すなわち，情報の乏しい銘柄については，投資者が投資を敬遠することから，投資者の投資を促進するため，証券の発行者は自発的に情報開示を行うと考えられる。しかし，投資を誘うようなグッド・ニュースについては自発的な開示が促進されるとしても，会社に都合の悪いバッド・ニュースを積極的に開示するインセンティブは見つけにくい。

　ところで，多くの場合，投資者の最大の関心は，投資先の会社の株価の値上がりを期待することができるかどうかにある。株式は会社の持分であり，会社の経営成績が向上すれば，株価も上がる。将来的な株価の値上がりが期待できる会社であるかは，会社の情報を知らなければ判断できない。もっとも，株価は需要と供給のバランスによって決まる。そのため，自分が気に入った銘柄であっても，その株価が上昇するとは限らない。すなわち，他の投資者による投資が促進される銘柄に投資しなければ，将来の値上がりは期待できない。

　この点，多くの引用がなされているものとして，イギリスの著名な経済学者ケインズ（J. M. Keynes）による，「美人投票」のたとえが有名である（「株式投資の心は美人投票にあり」）。これは，最も多くの投票を集めた「美人」に投票をした者に賞金を与えるという新聞

94

1 ディスクロージャーの意義

懸賞において，その賞金を得るには，自分が一番美人であると思う候補に投票するのではなく，参加する多くの者が投票すると思われる「美人」に投票する必要がある（「他の参加者たちが良いと思う見込みが高い容姿をもった人を選ばなければならない」）というものである。

　また，投資家でもあったケインズは，割安な株式を長期で保有することが最も有効な投資方法であるとも述べている。何らかの事情で，現在の株価が市場から過小評価されるなど，株価が会社の実情を反映していない可能性もある。このような株式を見つけることができれば，将来，市場から正当な評価を受けた際に，株価の値上がりが期待できる。

　アメリカでは，証券アナリストが会社の動向を注視しており，彼らの発するコメントに基づき，すでに会社の情報を反映した株価が形成されているために，一般投資家は，開示された情報で値上がりが見込める銘柄を探すことはできないという見解が述べられている。この見解が正しければ，投資者は法律に基づき発行者が開示する情報を分析して投資をしても，それによって利益を受けることはできないこととなる。そうであれば，高いコストをかけて情報開示を強制するメリットがない（さらに，アメリカでは，会社の株価は会社内部にある情報さえも反映していると述べる仮説があり，これが事実であれば，情報格差を利用した利得は不可能であるため，インサイダー取引規制さえも不要ということになりそうである）。会社は証券アナリストに優先的に情報を伝えるという実態があり，このような実務（**選択的開示**）は，投資者間の公平性の観点から問題があると指摘されてきた。また，インサイダー取引を誘発する危険性もある。そのため，選択的開示を規制する動きが世界的に広まっている。

第 3 章　開示（ディスクロージャー）の規制

Column 12　フェア・ディスクロージャー・ルール

　アメリカでは，連邦証券取引委員会（SEC）が，2000 年にレギュレーション FD を制定し，未公表情報について，特定の第三者に提供することを禁止し，このような提供をする場合には，他の投資者にも同時に行うことを要求する規則を制定した（「フェア・ディスクロージャー・ルール」〔FD ルール〕と呼ばれる）。EU でも，市場阻害行為指令に基づき，各加盟国が，同様のルールを定めている（2016 年の規則では，直接，加盟国にフェア・ディスクロージャー・ルールが適用されるものとなった）。日本でも，上場会社が外資系の証券会社のアナリストに未公表の業績に関する情報を提供し，その証券会社が情報を特定の顧客に提供して株式の売買の勧誘を行っていた事例が発覚し，問題となった。そこで，すべての投資者が安心して取引できる市場環境を整備し，「早耳情報」に基づく短期的な売買ではなく，公平に開示された情報に基づく中長期的な視点に立った投資を促すために，フェア・ディスクロージャー・ルールが導入された。そこでは，会社が未公表の決算情報などの重要情報を証券アナリストなどに伝えた場合，同時に（意図的な伝達でない場合は，速やかに）会社のホームページなどでその情報を開示することが求められる（26 条の 36）。重要情報が公表されないときは，監督官庁は，重要情報の公表その他の適切な措置をとることを命じることができる（27 条の 38）。

　なお，法律が開示の時期と内容（様式）を定めることによって，投資者にとって，複数の企業の実態の比較が容易になるという効果も期待できる。さらに，情報開示は，証券の発行者の企業行動を社会的な批判に耐え得る公正なものとする重要な機能を有している。この点について，アメリカ連邦最高裁判所長官を務めたブランダイス（L. D. Brandeis）のつぎの言葉が有名である。

　「公表は，社会上ならびに産業上の病癖を矯正する手段として

まさに推奨される。日光は最も効果的な消毒剤であり，電灯は最も有能な警察官である」

　もっとも，金融商品取引法上の開示制度は，証券発行者の企業行動を公正にすることを直接の目的とするものではない。企業行動の公正化に有益であっても，投資者の投資判断に重要でないものは，金融商品取引法により開示を要求されるものではない。

⑵　ディスクロージャーの種類と方法

　投資者が求める情報開示は，投資対象の証券が，新規発行のものであるのか，既発行のものであるかによって異なる。新規発行証券であれば，発行者の状況（**企業情報**）に加えて，証券に関する情報（**証券情報**）が必要となる。証券情報としては，新規発行証券自体に関するもの（どのような証券をどのような条件で発行するか）と証券発行により得た資金（手取金）の使途がある。会社が調達した資金でどのような事業を行うかは，将来の会社の経営成績や財務状態にも影響を与えるため，投資にあたっての重要な情報になると考えられる。これに対して，市場で流通する既発行証券の場合には，投資判断に際して，証券の発行条件や手取金の使途が問題となることはなく，もっぱら，企業情報を中心とした開示がなされる。

　また，発行者による情報開示は，公衆縦覧により行われる（**間接開示**）。証券の発行者は，証券の発行時または定期的に所定の報告書を内閣総理大臣に提出する。このような書類の提出は，**EDINET**（Electronic Disclosure for Investors' NETwork）という金融庁の電子情報処理システムを通じて行われる。

　なお，金融商品取引業者（証券会社）は，投資者に新規発行証券の取得をさせる際，あらかじめまたは同時に，企業情報と証券情報

第 3 章 開示（ディスクロージャー）の規制

■ディスクロージャーの分類

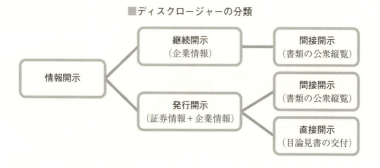

を記載した**目論見書**を交付しなければならない（15条2項。**直接開示**）。直接に情報を提供することで、より投資者の保護を図るものと言える。現在では、上記のように、間接開示であっても、インターネットに接続されたシステムを使って書類が提出・開示されるため、その利用は格段に容易となった。投資者は自宅や職場のパソコンでいつでも開示書類を閲覧することができる。この点で、間接開示と直接開示の区別は限りなく小さくなった。

2　流通市場での開示

(1) 有価証券報告書・四半期報告書

金融商品取引所で上場されている証券については、発行会社による継続的な開示が行われる（24条1項1号。継続開示）。このような開示は、これからその会社の発行する証券に投資を行おうとする投資者のみならず、すでに証券に投資を行っている者がその証券を売却するかどうかの判断を行う際にも必要なものである。そこでは、財務内容など会社の現状を中心にした情報（企業情報）の開示が要請される。

2 流通市場での開示

Column 13　継続開示が要求される発行者

　継続開示は，情報を必要とする投資者が多いと考えられるものについて要請される。そのため，上場会社以外の会社であっても，すでに募集・売出し（本書 112 頁以下参照）について有価証券届出書を提出したことのあるものも情報開示が必要である（24 条 1 項 3 号）。このような証券は，発行の段階で多数の者に勧誘がなされ，その証券が投資者の間で流通する可能性があるためである。さらに，上場会社以外の会社で，過去に募集・売出しについて有価証券届出書を提出したことのないものであっても，証券の所有者が 1000 名以上であれば，発行者は情報開示をしなければならない（同項 4 号，金商令 4 条の 11 第 5 項 1 号。**外形基準**）。所有者がすでに多数に及んでいる場合，これらの保有者の売買のために情報開示が必要となるからである。

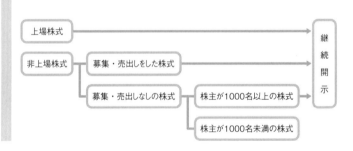

　上場会社などは，事業年度経過後 3 月以内に，その事業内容を記載した**有価証券報告書**を作成し，提出しなければならない（24 条 1 項）。有価証券報告書は公衆縦覧される。この開示も EDINET を通じて行われる。

　有価証券報告書が定める「企業情報」のなかに「コーポレートガバナンスの状況等」がある。株価は将来の業績に左右されるところ，それは企業統治の仕組みと密接な関係があるため開示の対象とされているものである。そこでは，企業統治の体制の概要および当該企

第 3 章　開示（ディスクロージャー）の規制

■有価証券報告書の記載事項

第一部【企業情報】
第 1 〔企業の概況〕
1 〔主要な経営指標等の推移〕　2 〔沿革〕　3 〔事業の内容〕　4 〔関係会社の状況〕
5 〔従業員の状況〕
第 2 〔事業の状況〕
1 〔業績等の概要〕　2 〔生産・受注および販売の状況〕　3 〔経営方針，経営環境および対処すべき課題等〕
4 〔事業等のリスク〕　5 〔経営上の重要な契約等〕　6 〔研究開発活動〕
7 〔財政状態，経営成績およびキャッシュ・フローの状況の分析〕
第 3 〔設備の状況〕
1 〔設備投資等の概要〕　2 〔主要な設備の状況〕　3 〔設備の新設，除却等の計画〕
第 4 〔提出会社の状況〕
1 〔株式等の状況〕　2 〔自己株式の取得等の状況〕　3 〔配当政策〕　4 〔株価の推移〕
5 〔役員の状況〕　6 〔コーポレート・ガバナンスの状況等〕
第 5 〔経理の状況〕
1 〔連結財務諸表等〕　2 〔財務諸表等〕
第 6 〔提出会社の株式事務の概要〕
第 7 〔提出会社の参考情報〕
1 〔提出会社の親会社等の情報〕　2 〔その他の参考情報〕
第二部【提出会社の保証会社等の情報】
第 1 〔保証会社情報〕
第 2 〔保証会社以外の会社の情報〕
第 3 〔指数等の情報〕

業統治の体制を採用する理由，その他の企業統治に関する事項について，具体的に，かつ，わかりやすく記載することが求められる。たとえば，監査役会設置会社のもとでの経営と監督のシステム，内部統制の仕組み，社外取締役の選任状況などを記載することが考えられる。

　ところで，日本における株式所有構造は，長年，金融機関と事業会社（金融機関以外の会社）による保有に大きな特徴があった。たとえば，「株式分布状況調査」（全国証券取引所が毎年実施）によれば，1987（昭和 62）年度の株式保有比率は，事業法人等が 30.3%，金融機関が 44.1% で，合計で約 75% を占めていた。事業会社および金

2 流通市場での開示

■オムロン株式会社の「コーポレート・ガバナンスの状況等」の記載図

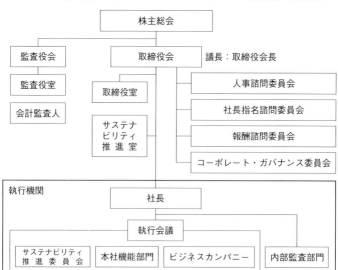

融機関による株式保有は、長期的な取引関係の維持を目的として行われ、そこでは、継続的に保有すること（非友好的な第三者に株式を売却しないことを含む）および投資先企業の経営に株主として関与しないことについて、暗黙の合意が形成されていた。このような関係は、株式を相互に保有することで一層強固なものとなっていた。

もっとも、企業の株式保有構造は、その後大きく変化した。上記の調査によれば、金融機関の株式保有比率は、1988（昭和63）年度に44.1％と最高値を記録した後、減少傾向に転じた（2016〔平成28〕年度は28.4％であった）。特に、都市銀行と地方銀行の株式保有比率の合計は、1985（昭和60）年度に20.9％であったものが、2016（平成28）年度には3.5％を占めるに過ぎないものとなった。銀行による株式の売却とともに、事業会社による銀行株式の売却も

第3章　開示（ディスクロージャー）の規制

行われた。このような場面で，株式の相互保有の解消の動きも加速
した。

これに対して，事業法人等の株式保有比率は，1987（昭和62）年
度に30.3％を記録し，その後も，直近の15年間は22％前後で推
移している（2016〔平成28〕年度は22.1％であった）。銀行と事業会
社の間の株式の相互保有の解消の動きと対照的に，事業会社間の株
式の相互保有の解消は大きくは進まなかった。むしろ，一部の事業
会社の間では，株式の相互保有を強化する動きも見られた。このよ
うな動きの背景には，投資ファンドによる敵対的買収が盛んとなり，
お互いに株式を持ち合うことで株式が買収者の手に渡らないように
することが，買収防衛策として見直されたことがある。

株式の持合いについては，資本や議決権の空洞化を招く，株主に
よる監視機能を形骸化する等の問題点が指摘されている。この点に
関して，会社が純投資以外の目的で保有する株式については，有価
証券報告書の「コーポレート・ガバナンスの状況等」（「提出会社の
株式の保有状況について」）で以下の記載が求められることとなった。

①銘柄数および貸借対照表計上額の合計額を記載すること
②銘柄別による投資株式の貸借対照表計上額が提出会社の資本
　金額の100分の1を超えるもの（当該投資株式の銘柄数が30に
　満たない場合は，当該貸借対照表計上額の大きい順の30銘柄）に
　ついて，銘柄，株式数および貸借対照表計上額，当該銘柄ご
　との「保有目的」を具体的に記載すること

さらに，上場会社に適用されるコーポレートガバナンス・コード
では以下の原則を定めた（2018年6月1日改訂）。

2 流通市場での開示

【原則 1-4. 政策保有株式】

　上場会社が政策保有株式として上場株式を保有する場合には，政策保有株式の縮減に関する方針・考え方など，政策保有に関する方針を開示すべきである。また，毎年，取締役会で，個別の政策保有株式について，保有目的が適切か，保有に伴う便益やリスクが資本コストに見合っているか等を具体的に精査し，保有の適否を検証するとともに，そうした検証の内容について開示すべきである。

　上場会社は，政策保有株式に係る議決権の行使について，適切な対応を確保するための具体的な基準を策定・開示し，その基準に沿った対応を行うべきである。

　安定株主工作のための株式の相互保有は，まさに政策保有株式の典型例である。敵対的買収は，経営陣に対して緊張感を与えるという効果もあるところ，それを一律に困難にする安定株主工作について，株主に納得のいく説明を行うことは難しいであろう。それゆえ，上記の開示には，相互保有株式の処分を促す効果が期待される。

Column 14　コーポレートガバナンス・コード

　近年，**攻めのガバナンス**という言葉が使われるようになった。そこでは，日本企業の「稼ぐ力」，すなわち，中長期的な収益性および生産性を高めるためのコーポレートガバナンスの強化が重要視されている（これに対して，不祥事の防止策は，**守りのガバナンス**と呼ばれる）。東京証券取引所は，2015（平成27）年6月1日，コーポレートガバナンス・コード（CGコード）を上場規程に盛り込んだ。これは，実効的なコーポレートガバナンスの実現によって，経営者の企業精神の発揮を後押しすることを主眼としている。もっとも，どのよ

103

第3章　開示（ディスクロージャー）の規制

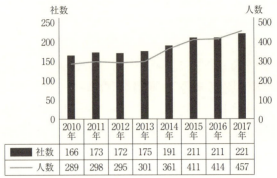

■役員報酬（1億円以上）の開示企業

	2010年	2011年	2012年	2013年	2014年	2015年	2016年	2017年
社数	166	173	172	175	191	211	211	221
人数	289	298	295	301	361	411	414	457

＊東京商工リサーチの公表データより作成

> うなガバナンスが最適であるかは，各社の置かれた状況によって異なるはずである。そこで，ルール・ベースの規律（細かな規則を定めて，それを遵守するようにもとめる規制）によって特定のガバナンスを一律に強制するのではなく，原則（プリンシプル）を明示した上で，その原則を実施するか，実施しない場合には，その理由を説明させるという手法が採用された（**コンプライ・オア・エクスプレイン**〔遵守せよ，さもなくば，説明せよ〕）。CGコードでは，5つの基本原則，31の原則および42の補充原則が規定されている。

　なお，有価証券報告書には，役員ごとに，役員報酬とその種類別（基本報酬，ストック・オプション，賞与，退職慰労金の区分ごと）の額を記載しなければならない。開示の対象となる役員は，報酬等の額が1億円以上であるものに限られる。

　有価証券報告書による情報開示では，財務情報が特に重要視される。これには，貸借対照表，損益計算書が含まれる。これらの財務情報は，会社が作成するものである。そのため，記載内容の適正性を確保するため，公認会計士または監査法人の監査を受けることが

2 流通市場での開示

■貸借対照表と損益計算書

[貸借対照表]　　　　　　　　[損益計算書]

Ⓐ資産	Ⓑ負債
	Ⓒ純資産

Ⓐ ＝ Ⓑ＋Ⓒ
純資産Ⓒは〔Ⓐ－Ⓑ〕
で計算される

①売上高	×××
②売上原価	×××
③販売・一般管理費	×××
Ⓧ営業利益〔①－②－③〕	×××
④営業外収益	×××
⑤営業外費用	×××
Ⓨ経常利益〔Ⓧ＋④－⑤〕	×××
⑥特別利益	×××
⑦特別損失	×××
Ⓩ税引前当期純利益	
〔Ⓨ＋⑥－⑦〕	×××
⑨法人税等	×××
当期純利益〔Ⓩ－⑨〕	×××

■四半期報告制度

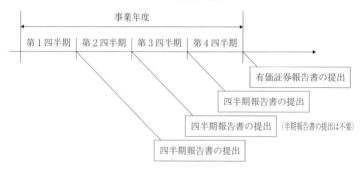

要求される。

　有価証券報告書は，事業年度終了後，年に一度，会社に関する情報の開示を行うものである。もっとも，1年に一度の情報開示では，会社の実態を知るには十分とは言えない。そこで，有価証券報告書の提出後6月以内の情報開示として，**半期報告書**の開示が要求され

105

第3章 開示（ディスクロージャー）の規制

る（24条の5第1項）。さらに，株式が幅広い投資者によって売買される上場証券を発行している会社については，投資者保護のために，より短期の情報開示が必要と考えられるようになった。そのため，現在では，上場会社について，事業年度の期間を3月ごとに区分した期間ごとに情報開示を行う**四半期報告書**制度が導入されている。

(2) 臨時報告書

企業情報は，頻繁に開示されることが望ましいことは間違いない。もっとも，企業情報のうち，財務情報については，その適正性を確保するため監査を受ける必要がある。そのため，監査にかかるコストを考えると，開示の頻度には限界がある。しかし，会社が決定した事実や会社に発生した事実については，迅速に開示することが可能である。そこで，有価証券報告書の提出が義務づけられる会社は，法令が定める状況が生じた場合，ただちに，**臨時報告書**を提出しなければならないものとされている（24条の5第4項）。臨時報告書の提出が必要な事項として，親会社や特定の子会社の異動があった場合，主要株主に異動があった場合，代表取締役（代表執行役）の異動があった場合，重要な事業譲渡・事業譲受契約が締結された場合などがある（企業内容開示府令19条2項）。

さらに，株主総会の**議決権行使結果**に関する開示も臨時報告書により行われる。すなわち，上場会社は，株主総会において決議がなされた場合，①株主総会が開催された年月日，②決議事項の内容，③決議事項に対する賛成・反対または棄権の意思表示に係る議決権の数，決議事項が可決されるための要件ならびに決議の結果を記載した臨時報告書を提出しなければならない（企業内容開示府令19条2項9号の2）。会社法には，株主総会の議決権行使結果の公表についての規定は存在しない。しかし，このような情報は，投資者の投資

判断に影響を及ぼす可能性があることから金融商品取引法上の開示の対象とされた。

前述のように，臨時報告書は，一定の事項が発生した場合に提出が要求されるものである。もっとも，一般投資家にとって臨時報告書が提出された事実を知ることは容易ではない。特に，臨時報告書の閲覧が会社の本店などでの公衆縦覧に限られていた時代にあっては，開示の効果は極めて限られたものとなっていた（毎日，閲覧のために会社の本店などを訪ねる一般投資家がいることは想像し難い）。しかし，現在は，臨時報告書は EDINET で閲覧可能となり，開示の効果は格段に高まった。

⑶　適時開示

上場会社については，金融商品取引所の自主規制として，いわゆる適時開示（**タイムリー・ディスクロージャー**）が義務づけられている（たとえば，東証・上場規程 402 条 1 項）。金融商品取引所の適時開示は，投資者への情報開示をより迅速に実現するものである。さらに，会社に重要な情報の開示を促すことにより，インサイダー取引の発生を予防する効果もある（未公表の重要情報が会社に存在する期間が短くなる）。

適示開示による情報は，**適時開示情報閲覧サービス**（TDnet）を通じて上場会社から金融商品取引所に伝達され，そのウェブサイトに掲載される。ウェブサイトに掲載された時点で重要事実の「公表」があったとみなされる（166 条 4 項，金商令 30 条 1 項 2 号）。したがって，それ以降，インサイダー取引規制に違反に問われることはない。

適時開示が求められる事項は，インサイダー取引規制の「重要事実」に類似している（決定事実，発生事実などが詳細に規定され，さらに，これらについての軽微基準，さらに，包括条項も存在する〔東証・上

第3章　開示（ディスクロージャー）の規制

■インターネットを利用した開示

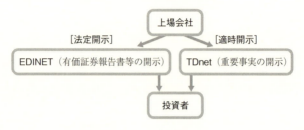

場規程402条・403条］）。これは，適時開示が，インサイダー取引の予防を目的の一つとして創設された経緯に由来する。もっとも，インサイダー取引規制は，重要情報を有している場合に取引を禁止するもので，取引を行わない限り，その情報を開示する義務はない。これに対して，適時開示は，取引の有無にかかわらず，会社にその情報の開示を強制するものである。したがって，外見上，規制対象となる事実が同じであっても，その内容を同一に考えることは妥当ではない。

　たとえば，上場会社の業務執行を決定する機関が「合併」を行うことについての決定をした場合，インサイダー取引規制の「重要事実」となること（166条2項1号ヌ）に加えて，適時開示が必要な会社情報となる（東証・上場規程402条1項1号k）。インサイダー取引規制において，「業務執行を決定する機関」は，実質的に会社の意思決定と同視されるような意思決定を行うことのできる機関であれば足りると解されている（本書33頁参照）。そのため，ワンマン社長が合併の実施に向けての作業を命じた段階で，重要事実の決定があったと考えられる（このように考えないと，インサイダー取引規制の趣旨が没却される）。しかし，これと同時期に，適時開示を要求することは適切ではない。合併の実施に向けての作業が命じられた後に，

2 流通市場での開示

■新聞報道に対する企業側のコメントの例

平成29年2月20日

各 位

会社名　株式会社　みなと銀行
代表者名　取締役頭取　服部博明
（コード番号 8543　東証第一部）
問合せ先　執行役員企画部長　丸山克明
（TEL　078-333-3224）

当行に関する一部報道について

　本日，一部報道機関より，当行の経営統合に関する報道がなされましたが，当行が発表したものではございません。
　当行は，経営基盤の強化ならびに経営の効率化の観点から，様々な検討を常々行っておりますが，現時点で当行として決定した事実はございません。

以上

合併交渉が開始されるところ，この段階で情報が開示されると合併交渉が頓挫する可能性が高い。したがって，適時開示が要請される時点は，インサイダー取引規制における重要事実の発生の時点よりも，遅くなることはやむを得ない。

　なお，新聞報道では，いわゆるリーク記事の掲載などが行われることがある。このような報道があった場合，報道の対象となった会社の株価に変動が生じることが考えられる。そこで，金融商品取引所は上場会社に対して情報の照会を行うことができる。上場会社は，照会事項について直ちに正確に報告をしなければならない（東証・上場規程 415 条1項）。そのため，某新聞により，「合併交渉が進展」との内容の報道がなされた場合，上記の照会に対して，会社は何らかの対応に迫られることになる。これに対しては，①報道されたものは事実である，②報道された事実はない，③報道されたものは当

社が発表した事実ではない，④コメントできないといった回答が考えられる。東京証券取引所は，正確な報告を求めており，合併交渉が進展し，実現が確実であれば①の回答をすべきである。しかし，それが流動的であれば，①の回答をするのは難しい。他方で，現実に合併交渉が行われているならば，②は虚偽の報告をすることになる。取引所は正確な報告を求めているため④は認められない。③は，これらの妥協の産物として考え出されたものであるが，結局，投資者にとって有益な情報を回答したことにはならない。なお，2014（平成26）年から，東京証券取引所は，投資者に注意を促すため，不明な情報が発生している銘柄を指定・公表する制度（**注意喚起制度**）を導入している。

3　発行市場での開示

(1)　株式の発行形態

　会社が株式の発行を行う場合，その相手方によって，株主割当，公募および第三者割当の方法がある。

　株主割当は，株主に対して，その持株数に応じて新株を割り当てるものである。株主が新株を引き受け，払込みをすれば，会社は株主構成を変えずに資金調達をすることができる。他方で，株主割当は，既存の株主のみを対象とする手段であるので，資金調達額には限界がある。

　これに対して，一般投資家に広く新株を発行するものを**公募**と呼んでいる。多額の資金調達を必要とする場合，この方法が利用される。株主割当と異なり，公募では，既存の持株比率に変動が生じる。もっとも，公募ができる会社は，事実上，上場会社に限られ，上場会社は，株式の売買で常に持株比率が変化するため，公募による持株比率の変動を懸念する必要性は低い。かつては，主として株主割

3 発行市場での開示

■上場会社の資金調達

（調達額の単位は 100 万円）

年	株主割当		公　募				第三者割当	
	件数	調達額	件数		調達額		件数	調達額
				うち 新規公開		うち 新規公開		
2010	1	689	50	11	3,308,906	201,338	88	535,606
2011	--	--	45	20	967,813	111,243	66	395,151
2012	1	414	53	29	451,766	32,036	71	159,327
2013	1	981	114	47	1,113,702	373,549	151	371,855
2014	--	--	129	66	1,377,995	234,650	190	392,844
2015	1	56	131	79	961,970	83,070	187	163,546
2016	1	221	95	72	257,717	175,786	151	623,017
2017	2	106	116	75	424,222	68,184	238	881,585

＊日本取引所グループ・ウェブサイトより

当が利用されていた時期もあったが，現在では，公募が主流になっている。この場合，新規に株式を発行する方法のほか，会社が保有する自己株式を交付する（法律上は「自己株式の処分」という用語が用いられている）方法も可能である。

　ベンチャー企業がその株式を新規に上場する場合にも公募が行われる。金融商品取引所に株式を上場するためには，流通株式数およびその時価総額（株価×発行済株式数）が一定以上でなければならない（上場審査基準として定められている）。そこで，ベンチャー企業が株式を上場する際に，株式の公募や大株主（ベンチャー企業主やベンチャーファンドなど）により保有株式の売出しが行われる。このように，ベンチャー企業などが新規に株式を上場するに際して，その株式を広く投資者に取得させることを IPO（Initial Public Offering）という。

　なお，特定の者に株式を割り当てるものを**第三者割当**という。既

第3章　開示（ディスクロージャー）の規制

存の株主に割り当てる場合も，持株割合に応じて割り当てない限り，第三者割当となる。業務提携，経営不振に陥った会社が他の会社の子会社となり再生を図る場合などに第三者割当が実施される。第三者割当も，新規の株式発行のみならず自己株式の処分でも行うことができる。

(2)　募集と私募

　金融商品取引法は「**募集**」を行う場合に，発行者に情報開示を要求している（4条1項）。新規発行証券について，50名以上の者（法律上は「多数の者」とされ，政令でその数を50名以上と定めている）に対して取得の勧誘がなされる場合は「募集」となり（2条3項1号），**有価証券届出書**の提出が義務づけられる（5条1項）。50名以上の者に取得の勧誘がなされる場合に情報開示を要求するのは，投資判断に必要な情報を持たず，これを要求する取引上の地位にない投資者が想定されることによる。これに対して，新規発行証券の取得の勧誘であって，「募集」に該当しないものは「**私募**」という（2条3項柱書）。50名未満の者への勧誘は「**少人数私募**」と呼ばれている。同一の証券の取得勧誘については，勧誘者の数は6か月の間通算される。すなわち，6か月の間に合算して50名以上となるときに募集に該当することとなる（同項2号ハ括弧書，金商令1条の6）。期間を通算するのは，1回あたりの勧誘の対象者を50名未満とする取得勧誘を繰り返し，情報開示規制の潜脱を行うことを防止するためのものである。

　株式の公募の場合，金融商品取引業者（証券会社）が**引受け**を行うことが通常である。このような場合，新規証券の取得の勧誘は金融商品取引業者によって行われる。大規模な公募増資であれば，複数の金融商品取引業者が共同して引受けを行うこともある（引受シ

3 発行市場での開示

■募集と私募

ンジケート団が形成される)。

　取得の勧誘は，投資者向けの説明会での口頭での説明，金融商品取引業者の店頭での説明および資料の配布のみならず，広く証券の取得を促進することとなる行為を含む。そのため，新規発行銘柄についての新聞，テレビ・ラジオ・インターネットなどによる広告を行う場合もこれに該当する。

Column 15　上場会社の第三者割当と「募集」

　上場会社であるA会社がB会社に対して第三者割当を行う場合，勧誘の相手方はB会社のみであるため，この点で，少人数私募に該当する。B会社はA会社から必要な情報を入手できる取引上の地位にあるはずである。もっとも，上場株式について，譲渡に制限を課すことができず（上場基準で譲渡制限株式は上場ができない），また，頻繁に取引所での売買が行われる。したがって，B会社が株式を転売することで，情報開示のないまま，A会社株式が多数の投資者により取得される可能性がある。そのため，現行法では，上場会社の発行する株式については，少人数私募を認めず，募集としての届出を要求するものとしている。

113

第3章　開示（ディスクロージャー）の規制

　証券の投資者がいわゆる「プロ」である場合，自ら情報を収集し，それに基づき投資判断を行うことができることから，発行者に情報開示を強制する必要はない。このようなプロとして，**適格機関投資家**というものがある。これには，金融商品取引業者，銀行などの金融機関などが含まれる。さらに，保有する有価証券の残高が10億円以上である法人や個人も金融庁長官に届出をすることで適格機関投資家となれる。

　証券の取得勧誘が適格機関投資家のみに対して行われる場合（適格機関投資家から適格機関投資家以外の者に譲渡されるおそれが少ない場合），その対象が50名以上であっても，募集とはならない。このようなものを「**適格機関投資家向け私募**」（プロ私募）という。なお，募集に該当するか否かの計算において，適格機関投資家の数は勧誘の相手方の数から除外される（70名に対する取得勧誘であっても，適格機関投資家の数が25名であれば，45名に対する勧誘となり，少人数私募が認められる）。

(3) 売出しと私売出し

　既発行証券の売付けの勧誘を50名以上の者に対して行う場合も，募集の場合と同様の情報開示が要求される。このような勧誘を「**売出し**」という。この場合の情報開示も証券の発行者が行わなければならない。開示情報は，証券の発行者に関する企業情報が含まれ，これらの情報開示は発行者のみが行うことができるからである。募

3 発行市場での開示

■ JR 各社の株式の売出し

発行会社	旧国鉄清算事業団発足時の保有株式数（万株）	売却実績		
		売却株式数（万株）	売却収入（億円）	売却年月
JR 東日本	400	250 100 50	10,759 6,520 2,660	平成 5.10 平成 11.8 平成 14.6
JR 東海	224	135.4 60 28.6	4,859 4,770 3,290	平成 9.10 平成 17.7 平成 18.4
JR 西日本	200	136.6 63.4	4,878 2,607	平成 8.10 平成 16.3
JR 九州	32	16	4,160	平成 28.10

＊鉄道・運輸機構ウェブサイトより

集の場合は，発行者は資金調達ができるため，進んで情報開示を行うインセンティブがある。売出しの場合，売却による代金を得るのは売出人であり，証券の発行者には情報開示を行うインセンティブが見当たらない。ベンチャー企業などがその株式を上場する場合，ベンチャー企業主やベンチャーファンドが持株を売却する際に売出しが行われる。この場合には，通常，これらの売出人は，大株主であり，証券の発行者（ベンチャー企業）に情報開示の実施を要求する事実上の影響力を有している。

売出しは，国営企業の民営化の際にも行われる。たとえば，日本国有鉄道（国鉄）は，JR 東日本，JR 西日本，JR 東海および JR 九

第3章 開示（ディスクロージャー）の規制

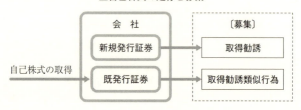

■自己株式の処分と募集

州などとして民営化された。これらの会社の株式は，日本国有鉄道清算事業団（その後，日本鉄道建設公団国鉄清算事業本部→独立行政法人鉄道建設・運輸施設整備支援機構）が保有し，これらの株式が順次売出しにより国民に販売された。上記の株式は売却直後に東京証券取引所等に上場されている。

売出しについても，少人数の投資者や適格機関投資家に対して勧誘を行う場合に募集と同様の規制緩和が規定されている（これらは，私募に対して「**私売出し**」と呼ばれている）。

なお，会社が保有する自己株式を処分する場合，多数の者への勧誘は，「募集」であろうか，あるいは「売出し」であろうか。自己株式は一度発行されたものであるので既発行証券である。この点に着目すれば，売出しに該当することとなる（従前は，そのように取り扱われていた）。もっとも，新株発行も自己株式の処分も，株式を交付することで会社が資金調達をする点で，経済的な効果は同様であり，会社法上も同一の規制を及ぼすものとなっている（会社法では，両者を合わせて，「募集株式の発行」という）。また，募集と売出しとでは，手取金の使途の開示の有無という点で差があり，自己株式の処分の場合に手取金の使途を開示することが有用である。そこで，金融商品取引法上は，新規発行証券と既発行証券の区別は維持しながら，多数の者への自己株式の処分は「募集」に該当するものとして

3　発行市場での開示

■プロが取得した証券の一般向け勧誘

いる（「取得勧誘類似行為」という用語を使用している。2条4項）。

(4) 募集・売出しの届出

　有価証券の募集・売出しを行うには，原則として，届出をしなければならない（4条1項）。届出はEDINETによって行う。プロ私募・プロ私売出しにより発行された有価証券を一般投資家向けに勧誘する場合（**適格機関投資家取得有価証券一般勧誘**）の場合も同様である。この規制は，募集・売出しの規制（届出を要する）の潜脱を防止するためのものであるので，一般投資家が1名であっても，届出義務が発生する。

　届出は**有価証券届出書**の提出によって行う（5条1項）。有価証券届出書には，①募集・売出しに関する事項（証券情報）と②発行企業の状況等に関する事項（企業情報）が記載される。

　発行価額・売出価額の総額が1億円未満の場合，届出は不要となる（4条1項5号）。もっとも，この場合でも，発行総額・売出総額が1000万円超であれば，**有価証券通知書**の提出が必要となる（同条6項本文）。有価証券通知書は，内閣総理大臣に提出されるものの，公衆縦覧されることはない。これは，投資者への情報開示を目的とするものではなく，監督官庁が有価証券の発行等の事実を把握するために提出が義務づけられるものである（記載内容は簡易なものとなっており，たとえば，一定の会社情報などの情報は記載されない）。

117

第3章　開示（ディスクロージャー）の規制

■ LINE 株式会社の有価証券届出書（抜粋）

第一部【証券情報】
第1【募集要項】
1【新規発行株式】

種類	発行数(株)	内容
普通株式	13,000,000	1単元の株式数は100株であります。完全議決権株式であり，権利内容に何ら限定のない，当社における標準的となる株式であります。

2【募集の方法】
　2016年7月11日に決定される予定の引受価額にて，引受人は，買取引受けを行い，当該引受価額と異なる価額（発行価格）で国内募集を行います。……なお，国内募集は，株式会社東京証券取引所……の定める「有価証券上場規程施行規則」第233条に規定するブックビルディング方式……により決定する価格で行います。
3【募集の条件】
(2)【ブックビルディング方式】
①【申込取扱場所】後記「4株式の引受け」欄記載の引受人の全国の本支店及び営業所で申込みの取扱いをいたします。
②【払込取扱場所】

店名	所在地
株式会社三井住友銀行　渋谷駅前支店	東京都渋谷区道玄坂一丁目7番4号

4【株式の引受け】

引受人の氏名又は名称	住所	引受株式数（株）	引受けの条件
野村證券株式会社	東京都中央区日本橋一丁目9番1号	未定	1．買取引受けによります。 2．引受人は新株式払込金として，2016年7月14日までに払込取扱場所へ引受価額と同額を払い込むことといたします。 3．引受手数料は支払われません。ただし，発行価格と引受価額との差額の総額は引受人の手取金となります。
三菱UFJモルガン・スタンレー証券株式会社	東京都千代田区丸の内二丁目5番2号		
ゴールドマン・サックス証券株式会社	東京都港区六本木六丁目10番1号		
JPモルガン証券株式会社	東京都千代田区丸の内二丁目7番3号		
みずほ証券株式会社	東京都千代田区大手町一丁目5番1号		
大和証券株式会社	東京都千代田区丸の内一丁目9番1号		
・・・			

3 発行市場での開示

5【新規発行による手取金の使途】
(1)【新規発行による手取金の額】

払込金額の総額（円）	発行諸費用の概算額（円）	差引手取概算額（円）
34,762,000,000	340,000,000	34,422,000,000

(2)【手取金の使途】上記の国内募集による差引手取概算額 34,422 百万円について
は，海外募集における手取概算額 58,368 百万円と併せて，短期借入金及び社債の返
済資金に 42,262 百万円，設備投資資金に 12,149 百万円，運転資金に 25,000 百万円，
LINE Mobile を運営する LINE 株式会社及び LINE MUSIC 株式会社への投融資資
金に 2,660 百万円，残額は，当社グループの投資ファンドを通じた投融資資金や
LINE ビジネス・ポータル事業における成長戦略投資資金に充当する予定でありま
す。
＊筆者注　ブックビルディング方式とは
　引受けを行う金融商品取引業者（証券会社）が，機関投資家等の意見をもとに仮
条件を決定した後，その仮条件を投資者に示し，投資者の需給状況を把握した上で，
市場の動向に即した発行価格（公開価格）を決定する方式。LINE の IPO について
は，仮条件は 2900 円から 3300 円，実際の公募価格は 3300 円とされた。

　募集・売出しの届出により，投資者への勧誘が可能になる。もっ
とも，その効力が発生するまでは，投資者にその有価証券を取得さ
せ，または売付けをしてはならない（15 条 1 項）。

　届出の効力発生まで取得契約の締結を禁止するのは，投資者に熟
慮期間を与えるためである。届出から届出効力発生までの期間は**待
機期間**と呼ばれている（英語でも，waiting period と言われる）。待機
期間は，原則として 15 日と規定されている（8 条 1 項）。もっとも，
内閣総理大臣は 15 日に満たない期間を指定することができる（同
条 3 項。一定の会社については，おおむね 7 日とされている）。

　さらに，継続開示を行う会社については，「企業情報」は容易か
つ迅速に入手することが可能である。また，時価総額が大きい会社
や市場で頻繁に売買が行われている株式を発行する会社について，
あらためて待機期間を設ける意義は大きくない。そこで，2014（平
成 26）年の改正で，一定の要件を満たす株式に関して（1 年以上の継

第3章 開示(ディスクロージャー)の規制

■待機期間

続開示義務を履行している発行者で、上場株式の時価総額と売買金額のいずれもが3年間の平均で年1000億円以上のもの)、待機期間を経ずに有価証券を取得させることを可能とした(金融庁・企業内容等開示ガイドラインの改正〔8-3〕)。これらの要件を満たす会社の株式については、投資者は、届出後、直ちに、取得契約を締結することができる(待機期間の廃止)。

> ### Column 16 発行開示と継続開示の統合
> 前述のように、上場会社などは、継続開示として、有価証券報告書・四半期報告書などの書類を提出しなければならない。有価証券届出書で開示される情報のうち、特に「企業情報」については、これらの継続開示書類と共通するものが少なくない。そこで、両開示書類の間で開示の統合がなされている。
> まず、1年以上、有価証券報告書を提出している会社は、有価証券届出書において**組込方式**を採用することができる。これは、有価証券届出書に、直近の継続開示書類を綴じ込むものをいう(5条3項、企業内容開示府令9条の3)。また、上記の組込方式を採用できる会社は、一定の基準(過去3年間の平均売買金額・時価総額が100億円以上)を満たしている場合は、**参照方式**を利用できる(5条4項、企業内容開示府令9条の4)。これは、有価証券届出書において継続開示書類の記載を参照すべき旨を記載することを許容するものである。参照方式を採用する会社では、企業情報などを再度、有価証券届出書に記載することまたはとじ込む必要がない。

3　発行市場での開示

(5) 目論見書の交付

　募集・売出しに係る証券を取得させ（募集の場合にこのような用語が使用される）または売り付ける（売出しの場合にこのような用語が使用される）場合に，事前または同時に，**目論見書**を交付しなければならない（15条2項）。有価証券届出書での開示は間接開示であり，投資者に直接に情報を提供するためこのような制度が定められている。目論見書の英語は prospectus である。その語源は，ラテン語の prōspicere で，これは，prō-（英語の pro〔前に〕に相当する）+-spicere（「見る」の連結形）からなる（『ランダムハウス英和大辞典〔第2版〕』〔小学館，1993年〕2169頁）。もっとも，目論見書の交付は，契約締結前に限らず，同時でも構わない。投資判断資料を提供するのであれば，同時では意味がない。他方で，これから投資を検討する者（見込み客）に事前に目論見書の交付が必要であるとするならば，販売・勧誘にあたる金融商品取引業者に大きな負担を強いることになる。契約締結と同時に交付される目論見書は，投資者がその投資決定が妥当であったかを事後的に判断するための「回顧（retrospect）の書」となっている。

　プロ投資家である適格機関投資家に証券を取得させ，または売り付ける場合には，目論見書の交付は不要である（15条2項1号）。また，すでに同一の銘柄の証券を保有している投資者または同居者が目論見書の交付を受けもしくは受けることが確実な投資者が，目論見書の交付を受けないことに同意をしている場合にも，目論見書の

第3章　開示（ディスクロージャー）の規制

交付は不要となる（同項2号）。前者に関しては，すでに同一の銘柄の証券を保有している場合には，あらためて投資判断に必要な情報を開示する実益に乏しい。さらに，後者に関しては，目論見書が一家に1冊あれば足りると考えられたことによる。なお，これらの目論見書の交付が不要である場合でも，投資者の側で請求があった場合には，目論見書を交付しなければならない。

目論見書については，書面または電磁的方法により承諾を得ている場合には，電子情報処理組織を使用する方法などでも提供することができる（目論見書の電子交付。PDFファイルで作成された目論見書をインターネット経由でパソコンからダウンロードができる）。

> **Column 17　投資信託に関する目論見書**
>
> 　投資者が投資信託（の受益証券など）を購入する際にも，目論見書の交付が必要である。投資信託については，交付が不可欠な**交付目論見書**と投資者から請求があった場合に交付される**請求目論見書**の2種類の目論見書がある（株式には交付目論見書のみが存在する）。前者には「投資者の投資判断にきわめて重要な影響を及ぼす事項」が記載される（具体的には，発行価格，発行手数料などの証券情報，ファンドの性格，投資方針，手数料，運用状況などの情報が記載される。後者には「投資者の投資判断に重要な影響を及ぼす事項」が記載される（具体的には，申込手続き，解約手続き，ファンドの管理・運営に関する情報，経理情報などが記載される）。後者については，情報を不要とする投資者も考えられる。また，膨大な情報提供を行わなければならない業者側の負担も考慮された。もっとも，請求目論見書についても，投資者から請求があれば交付をしなければならないため，作成自体が免除されるものではない。そのため，どれほどのコスト削減が実現しているか疑問視する見解もある（請求による交付の手間を考慮して，両者を合本して，当初から交付目論見書とともに交付する実務も行われている）。

■監査証明

基　準	意　見
すべての重要な点において適正に表示していると認める	①無限定適正意見
除外事項を除き，すべての重要な点において適正に表示していると認める	②除外事項を付した限定付適正意見
適正であるとは認められない	③不適正意見
意見を表明するための基礎を得られなかった	④意見不表明

4　ディスクロージャーの実効性の確保

(1)　監査証明

会社が開示する財務情報は会社自身が作成する。財務情報の作成と開示は当該会社でなければ行うことはできない。しかし，財務情報は会社の経営成績を反映したものであり，経営成績は，会社経営者の評価のための重要な情報となる。これは会社の「通知簿」にも喩えることもできる。自分の通知簿を自分で作成することができれば，甘い点数を付けやすい。したがって，この場合，外部の専門家が，通知簿が実態を正確に反映しているかの確認を行うことが有用である。

金融商品取引法は，開示書類のうち財務計算に関する書類について，発行者と特別の利害関係のない公認会計士または監査法人の**監査証明**を受けることを要求している（193条の2）。四半期報告書で開示される情報については，監査手続きが簡略化されていることを考慮して，**監査レビュー**という，監査証明における監査より緩和された水準で足りる。

会計監査（audit）の語源は，ラテン語の audire（聞く），auditus（聞くという行為）に由来する（前掲『ランダムハウス英和大辞典〔第2

第 3 章　開示（ディスクロージャー）の規制

版』176 頁）。かつての会計検査は帳簿作成者からの聞き取り（聴聞）により行われていた。現在でも，財務書類を作成する会社の担当者と公認会計士との対話は，監査証明のために不可欠なものである。

(2)　内部統制

　アメリカでは，エネルギー事業のほか多角的な経営を行っていたエンロン社で，簿外債務の隠ぺいなどの不正会計が発覚し，2001年に経営破綻した。エンロンの破綻は，その当時，アメリカ史上最大の企業破綻であった。エンロンに続いて，他の会社においても不正会計が明らかとなり，エンロン一社に限らず，アメリカ全体のコーポレートガバナンスのあり方が問われる事態となった。**エンロン事件**では，会計監査を担当していた大手会計士事務所（アーサー・アンダーセン）が損失隠しに加担していたことが問題となった。本来，不正会計を見抜くべき「ゲート・キーパー」（門番）が片棒を担いていたのでは，不正会計を防ぐことは容易ではない。アーサー・アンダーセンは，当時，世界中に 3 万人近くの社員をかかえる名門会計事務所であったが，この事件により，信用を失い，結局破綻に追い込まれた。これらの一連の事件により，事後的な監査のみで不正会計を防止することは難しく，不正会計が行われないような社内体制（**内部統制システム**）の整備が不可欠という認識が強まった。このような状況のもと，**サーベンス＝オクスリー法**（いわゆる **SOX 法**。正式名は，Public Company Accounting Reform and Investor Protection Act of 2002 で，法案提出者の P. Sarbanes と M. Oxley 議員の名を冠して，このように呼ばれている）が制定され，内部統制システムの構築が義務化されることとなった。

　日本でも 1995（平成 7）年に**大和銀行事件**が発生し，内部統制シ

ステムの不備が問題とされた。これは，同銀行のニューヨーク支店の行員が債券売買で巨額の損害を出し，これを補うために顧客の資産を流用したとされるもので，このような行為を防止できなかった取締役に内部統制システム構築義務違反が認められたというものである。さらに 2000 年代には，大手化粧品会社のカネボウが不正経理を行い，監査を担当していた大手会計事務所（中央青山監査法人）の会計士がその指南をしていたことが発覚した（中央青山監査法人はみすず監査法人と名称を変えて生き残りを図ったが，顧客の離反に歯止めがかからず，その後，解散した）。

このような状況のもと，上記のアメリカの影響も受け，日本でも内部統制システムの構築が法改正によって要求されるようになった。まず，2005（平成 17）年に制定された会社法では，大会社に内部統制システムの基本方針の策定を義務づけた（会社法 362 条 4 項 6 号・5 項）。そして，2006（平成 18）年の金融商品取引法の改正で，上場会社に対して，つぎのように，内部統制報告書の作成と開示が義務づけられることとなった（J-SOX 法と言われた）。

まず，上場会社は，有価証券報告書とあわせて，**内部統制報告書**（「財務計算に関する書類その他の情報の適正性を確保するための体制」の有効性を評価した報告書）を提出しなければならない（24 条の 4 の 4）。この報告書は，会社の経営陣が自社の内部統制の有効性を検証し，その評価結果を明らかにするものである。そこでは，①内部統制は有効である，②評価手続きの一部が実施できなかったものの，内部統制は有効である，③重要な欠陥があり，内部統制は有効でない，④重要な評価手続きが実施されなかったため，内部統制の評価結果を表明できないという区分に応じて，評価結果が記載される。

このように，内部統制報告書は，自社の内部統制の有効性を経営陣が評価するものであるため，真実と異なる報告を行う可能性もあ

第3章　開示（ディスクロージャー）の規制

■**内部統制が有効でないとした内部統制報告書（株式会社東芝）とその評価が適正であるとした内部統制監査報告書（抜粋）**

内部統制報告書（提出日 2016 年 6 月 22 日）

1〔財務報告に係る内部統制の基本的枠組みに関する事項〕

2〔評価の範囲，基準日及び評価手続に関する事項〕

3〔評価結果に関する事項〕

　当社は，前事業年度の末日である 2015 年 3 月 31 日現在の財務報告に係る内部統制は有効でないと判断し，開示すべき重要な不備を是正すべく改善策を実行してまいりました。これらのうち全社的な内部統制の開示すべき重要な不備の改善策についての整備は完了し，概ね運用も実行されておりますが，運用期間の制約から運用状況を確認できない施策もあり，すべての改善策について必ずしも十分には運用状況が確認できていません。また，決算・財務報告プロセスに係る内部統制の開示すべき重要な不備の改善策については整備が概ね完了し運用を開始したものの，2016 年 3 月期の財務諸表監査の過程におきまして，下記Ⅱに記載した，財務報告に係る多数の修正事項が発見されました。

　よって，下記Ⅱに記載した財務報告に係る内部統制の不備は，財務報告に重要な影響を及ぼす可能性が高く，開示すべき重要な不備に該当すると判断しました。したがって，2016 年 3 月 31 日現在において，当社の財務報告に係る内部統制は有効でないと判断しました。

独立監査人の監査報告書及び内部統制監査報告書

2016 年 6 月 22 日

株式会社東芝

　　代表執行役社長　綱川　智　殿

　　　　　　　　　　　　　　　　新日本有限会社監査法人
　　　　　　　　　　　　　　　　指定有限責任社員
　　　　　　　　　　　　　　　　業務執行社員　　公認会計士　中村雅一㊞
　　　　　　　　　　　　　　　　……

〈財務諸表監査〉

〈内部統制監査〉

　当監査法人は，金融商品取引法第 193 条の 2 第 2 項の規定に基づく監査証明を行うため，株式会社東芝の 2016 年 3 月 31 日現在の内部統制報告書について監査を行った。

監査意見

　当監査法人は，株式会社東芝が 2016 年 3 月 31 日現在の財務報告に係る内部統制は開示すべき重要な不備があるため有効でないと表示した上記の内部統制報告書が，我が国において一般に公正妥当と認められる財務報告に係る内部統制の評価の基準に準拠して，財務報告に係る内部統制の評価結果について，すべての重要な点において適正に表示しているものと認める。

る（自社の内部統制が有効でないと判断した場合も，それを公表すること
が会社にとって不利になると判断して，有効であるとの報告書を提出する
ことも考えられる）。そのため，内部統制報告書は，会社と特別の利
害関係のない公認会計士または監査法人の監査証明を受けなければ
ならないものとされている（193条の2第2項）。

(3) 開示書類の虚偽記載に関する責任

金融商品取引法では，開示書類に虚偽記載があった場合の責任が
法定されている。以下では，有価証券報告書などの継続開示書類に
虚偽記載があった場合の発行会社の責任を概観することにしたい。

まず，重要な事項について虚偽の記載がある有価証券報告書を提
出した者（通常は，代表取締役など）は10年以下の懲役または1000
万円以下の罰金に処せられる（またはそれらが併科される。197条1項
1号）。虚偽記載のある半期報告書・四半期報告書を提出した者につ
いては，5年以下の懲役または500万円以下の罰金に処せられる
（またはそれらが併科される。197条の2第6号）。有価証券報告書と半
期報告書・四半期報告書とでは，開示の間隔は異なるものの，投資
者にとっての開示情報の重要性（虚偽記載が投資者の投資判断に与える
影響）は変わらないように思われるが，有価証券報告書の虚偽記載
の場合と比較して，刑事責任は2分の1とされている。なお，虚偽
記載のある書類を提出した者に加えて，会社も罰せられる（両罰規
定）。その額は，有価証券報告書の虚偽記載が7億円であるのに対
して，半期報告書・四半期報告書の虚偽記載は5億円とされている
（2分の1ではない）。

有価証券報告書などの虚偽記載は，会社の経営と財務内容が悪化
した際に，取引先との関係を維持するなど会社の信用を確保する目
的で実施される。最終的に会社が倒産に追い込まれ，これを契機に，

第3章 開示（ディスクロージャー）の規制

粉飾決算がなされていた事実が明るみになることが多い。たとえば，1965（昭和40）年に山陽特殊製鋼が経営破綻し，長年にわたり巨額の粉飾決算を行っていたことが判明した。この事件で，当時の大蔵省は，山陽特殊製鋼および同社社長を神戸地方検察庁に告発し，有罪判決が下された。また，四大証券の一角を占めていた山一証券が（四大証券とは，野村証券，日興証券，大和証券，山一証券をいう），損失を海外のペーパーカンパニーに移して簿外処理し（**飛ばし取引**と言われる），損失額を圧縮した財務諸表を作成したとして刑事責任が問われた事例もある。この事件を契機に，1997（平成9）年に，山一証券は破綻に追い込まれることとなった。破綻の会見で，当時の社長が「社員は悪くありませんから」と泣きながら訴えた場面は，広く海外にも報道された。

　つぎに，有価証券報告書などに虚偽記載をした会社には，刑事罰としての罰金のほかに，課徴金が課せられる。既述のように，課徴金は，やり得を防止するために，違反者に利得相当額の金銭的負担を課すものである。そのため，虚偽記載の場合も，違反行為による利得相当額を算出しなければならない。発行開示書類の虚偽記載の場合（たとえば，財務内容を良く見せかけた虚偽表示をした場合），それを反映した高い価格で株式を発行することで，不当な利得が会社に発生する（この利得相当額を課徴金の額とすることができる）。しかし，継続開示書類に虚偽記載があった場合に，虚偽記載を行った会社に直接に利得が発生するわけではない。もっとも，継続開示書類の虚偽記載を行うことで，取引関係の維持や銀行借入の利率，社債の発行条件といった取引上の利益があったと想定される。そこで，現行法では，このような利益をもとにした課徴金の額が法定されている（600万円と発行株式の市場価額の総額〔時価総額〕の10万分の6のいずれか大きい額〔172条の4第1項〕。600万円という数値は，時価総額1000億

円程度の会社が得たであろう虚偽記載による資金調達コストの低下額を試算した結果と説明されている）。半期報告書・四半期報告書の虚偽記載の場合は，その2分の1が課徴金の額となる。刑事責任が同様に減刑されている点に合わせたものと思われる。

　なお，公認会計士・監査法人が故意または相当の注意を怠ったことにより，財務書類に虚偽の監査証明をした場合にも課徴金が課せられる。そこでは，虚偽の監査証明を行うことで，監査報酬額を不当に得たと考え，その額が課徴金の額の基準とされている（公認会計士法31条の2第1項2号）。虚偽証明が故意になされた場合には，課徴金の額は監査報酬額の1.5倍とされていることに留意が必要である（同法31条の2第1項1号）。課徴金制度は制裁ではなく，その趣旨は利得相当額のはく奪にあるとされるものの，利得の1.5倍の課徴金を課す制度は，制裁に向けて一歩踏み込んだものと評価できる。

　さらに，投資者は，会社の経営成績の予測が外れた場合に株価の下落による損失は覚悟すべきであるが，会社の虚偽記載から生じる不利益までも負担すべき地位にはない。そのため，有価証券報告書などに虚偽記載があった場合，会社は，流通市場で当該株式を購入した者に対して，損害賠償の責任を負うものとされている（21条の2第1項）。

　この場合，投資者が被った損害とはどのようなものであろうか。一般的に，虚偽記載による損害は，「虚偽記載がなかったと仮定した場合の被害者の利益状態」と「虚偽記載があったことによって被害者が現実に置かれている利益状態」との差を意味すると解されている（**差額説**）。

　その上で，「虚偽記載がなかったと仮定した場合の被害者の利益状態」について大別して二つの考え方がある。第一は，虚偽記載が

第3章 開示（ディスクロージャー）の規制

■**虚偽記載があった場合の損害の考え方**

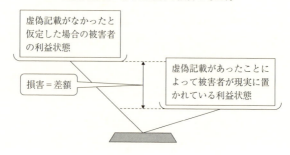

■**取得自体損害と高値取得損害**

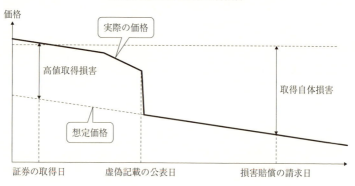

あることがわかっていれば当該株式を購入しなかったとして，取得自体が損害と考えるものである（**取得自体損害説**）。この場合，〔取得価額－処分価額〕が損害額となる。当該株式を保有し続けている場合には，損害額は，〔取得価額－市場価額〕となる。これは，株式の取得の前の状態に戻すという意味で，原状回復的な措置と言える。これに対して，第二は，虚偽記載によって釣り上げられた価格で取得させられたことを損害と考えるものである（**高値取得損害説**）。

4　ディスクロージャーの実効性の確保

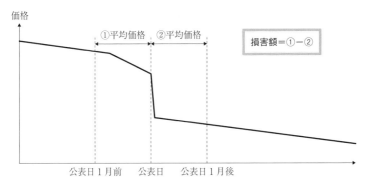

■損害額の推定

この考えによれば、〔取得価額－虚偽記載がなかった場合の市場価額〕が損害額となる。

取得自体損害説を主張する場合、投資者が立証すべき損害の額の算定は容易である（すなわち、取得価格〔たとえば、2000円〕と処分価格〔市場価格。たとえば、1500円〕がわかれば計算できる〔2000円－1500円＝500円が損害〕）。

しかし、高値取得損害説を主張する場合、虚偽記載がなかった場合の価格（想定価格）を過去にさかのぼって算定することは難しい。このような事態は、発行者に有利であり、投資者に著しく不利な状況となる（実際にも、投資者による損害額の立証が不十分であるとして訴訟が棄却された例がある）。そこで、両者の利益を調整するため、2004（平成16）年の法改正で、有価証券報告書などに虚偽記載があった場合の投資者の損害について、それを推定する規定を定めた（現行21条の2第3項）。すなわち、虚偽記載の公表日において引き続き株式を所有する者は、〔①公表日前1月間の市場価額の平均額－②公表日後1月間の市場価額の平均額〕を虚偽記載により生じた

第3章　開示（ディスクロージャー）の規制

損害の額とすることができる（たとえば，①が 2000 円で，②が 700 円であれば，2000 円−700 円＝1300 円が損害と推定することができる）。原告である投資者は，①と②を証明すればよい。これに対して，被告である会社側は，推定額と異なる額を損害と主張する場合，それを立証する必要がある。

Column 18　「公表日」の意義

継続開示書類の虚偽記載に関する損害額の推定規定では，公表日の前後 1 月間の平均を算出する。そのため情報が「公表された日」がいつであるのかが損害の額を決定する重要な要素となる。発行会社が記者会見やそのウェブ上で虚偽記載の事実を明らかにした場合に，公表があったとされることは当然である。もっとも，会社が虚偽記載の事実を自発的に明らかにしない場合も想定される。金融商品取引法は，「虚偽記載等の事実の公表」は，当該書類を提出した発行会社またはその発行会社の業務もしくは財産に関し法令に基づく権限を有する者により，公衆縦覧その他の手段により，多数の者の知り得る状態に置く措置がとられたことと定めている（21 条の 2 第 4 項）これによれば，監督官庁が虚偽記載の事実を明らかにすることは公表に該当する。過去には，検察官が司法クラブに加盟する複数の報道機関の記者に情報を伝達することが「公表」に当たるとされた事例もある。

Column 19　発行開示書類に虚偽記載があった場合の会社の責任

株式の発行により資金調達を行う場合，その発行価額は時価を基準とするのが通常である（時価発行）。虚偽記載のある情報を開示することで，会社は実態を反映したものより高い株価を形成することができる。これによって，会社は本来得たであろうものより多額の資金を調達したこととなる。このことは，株式を購入した投資者は差額分を会社に余分に支払ったことを意味する。この場合の差額は，会社の不当な利得（本来得るべきではない利益）であり，会社に保持させておく理由はない。そこで，金融商品取引法は，このような場合に，投資

者に対する損害賠償責任を規定している（18条1項）。賠償額は，株式を保有している場合，〔取得価額－市場価額〕となる（19条1項1号。①1500円で取得した株式の損害賠償請求時の市場価額が1150円であれば，〔1500円－1150円＝350円〕が損害となる）。また，株式を処分している場合，〔取得価額－処分価額〕が損害額となる（同項2号。②1300円で処分していた者については，〔1500円－1300円＝200円〕が損害となる）。

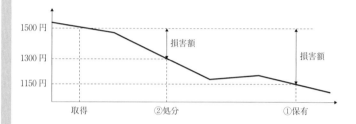

　このような責任は，虚偽記載により不当に得た利益を発行者に保持させる必要がないことによる。したがって，この責任は無過失責任として規定されている。もっとも，株式を取得した者が，その取得の申込みの際に虚偽記載がなされていることを知っていたときは，会社は責任を負わない（18条1項但書）。このような場合にまで，投資者を保護する必然性はない。また，上記の損害額が，虚偽記載以外の要因で発生したことを発行者が証明したときは，その部分について，責任を負わない（19条2項）。たとえば，先の例では，1500円の株価が損害賠償請求時に1150円に下落したものの，200円分の下落分は，発行者の業績悪化が理由であることを証明できた場合は，賠償すべき損額は〔1500円－1150円－200円＝150円〕となる。もっとも，株価の下落が，虚偽記載が明らかになったことによるものと業績悪化によるものとに区別することは容易ではない。

　有価証券報告書の虚偽記載による損害賠償が最高裁判所で争われ

第3章　開示（ディスクロージャー）の規制

た事例として**西武鉄道事件**がある。これは，有価証券報告書に大株主に関する虚偽の情報が記載されていたものである。すなわち，上場基準で大株主の比率を一定以下にすることが求められているところ，その割合を偽って開示することで上場が維持されていた。かかる虚偽記載が明らかになった後，東京証券取引所は西武鉄道株式の上場を廃止した。このような状況において，西武鉄道の株主が会社に対して損害賠償を求めた（民法上の不法行為責任が追及された）。最高裁判所は，虚偽記載がなければ上場廃止事由に該当していたことから，一般の投資者が当該会社の株式を取得するという結果自体が生じなかった（「虚偽記載がなければ取得なし」）として，取得自体損害の考え方に立つ判決を下した（最高裁判所平成23年9月13日判決〔最高裁判所民事判例集65巻6号2511頁〕）。本判決は，適正な開示がなされていれば，そもそも上場が不可能であったという点をとらえて取得自体が損害と考えるものである。同様の考えによれば，財務内容の悪化により上場廃止基準に該当するにもかかわらず，粉飾決算でその事実を隠蔽していた場合も取得自体損害が認められることになろう。

> **Column 20　上場廃止処分の是非**
>
> 　会社が株式を上場する際，金融商品取引所との間で上場契約が締結される。上場後，会社が上場契約に関する重大な違反を行った場合，金融商品取引所は，当該上場会社を上場廃止にすることができる（東証・上場規程601条1項12号）。さらに，上場会社が有価証券報告書等に虚偽記載を行った場合，財務諸表等に添付される監査報告書について公認会計士等によって「不適正意見」または「意見不表明」が記載された場合であって，「直ちに上場を廃止しなければ市場の秩序を維持することが困難であることが明らかである」と取引所が認めるときにも，上場廃止をすることができる（同項11号）。この要件

の審査は，虚偽記載や不適正意見等に係る期間，金額，態様および株価への影響その他の事情を総合的に勘案して行うものとされている（東証「上場管理等に関するガイドライン」Ⅳ 3）。

　上場廃止は，信用の失墜をもたらすため，上場会社にとって，「死刑判決」に等しい，極めて厳しい処分である。過去には，上記の西武鉄道事件のほか，ライブドアの虚偽記載に対しても上場廃止の措置を決定した例がある。これに対して，損失を海外子会社に移すなど（飛ばしと言われるもの）で長年にわたり巨額の財務内容を偽っていたオリンパスについては，上場が維持された。

　開示書類の虚偽記載は，投資者を欺く行為であり，悪質なものには市場から撤退を命じることが必要な場合もある。このような措置は不正会計を未然に防止する効果も期待できる。もっとも，上場廃止になれば，その会社のみならず，会社の株主にも大きな不利益を与えることになる点にも留意が必要である（信用の失墜で株式の価値が下落するとともに，市場での売却の機会も奪われる）。債務超過の場合，すでに株主の持分はなくなり，それを考慮する必要性が低いものの，それに至らない場合の粉飾であれば，上記の株主の不利益が顕在化する。上場廃止が問題となる際，無関係な株主に責任を押し付けるのは不当という意見が述べられることが多い。株主は粉飾決算を見抜くことも難しい。投資者は，経営悪化による株価下落（場合によっては，破綻）のリスクは負担すべきであるが，虚偽記載による不利益まで負担すべきでないという考えも説得力がある。他方で，粉飾という違法行為を行った経営陣を選任したのは株主であり，その責任をまったく問う必要がないのかが問題となる。上場が廃止された場合，株式の流動性は失われるものの（市場で売買ができない），企業価値が維持されている限り（破綻でない限り），株式の価値も失われない。再上場を果たした際には，失われた株式の流動性も回復することとなる（西武鉄道は上場廃止後，再び上場を果たした）。

第4章 業者の規制

1 業者規制の意義

(1) 金融の意義と金融機関の役割

　企業が事業活動を行うには資金が必要である。自己資金で足らなければ，他人から資金を調達しなければならない。他人からの資金が必要であることは企業に限らない。われわれ個人も，住宅を購入する際に，資金を借り入れることがある。このように資金が不足し，その調達が必要なものは**赤字主体**と呼ばれる。これに対して，赤字主体に資金の提供が可能なものは**黒字主体**と呼ばれる。これには，余剰資金のある企業のみならず預貯金を有する個人も含まれる。「赤字」や「黒字」の語源は，かつて，帳簿などで，利益を「黒字」，損失額・不足額を「赤字」で記入していたことに由来すると言われている。英語でも，同様の意味で red と black という用語が使われる（たとえば，〔家計が〕赤字から黒字に転換するという場合，go from the red to the black という）。

　黒字主体は，金銭をそのまま保管しただけでは，その価値（額）は増えない。個人であれば盗難の危険性もある（金銭を自ら保管することは「タンス預金」などと言われる）。そこで，黒字主体は利息収入を得る目的で，資金を赤字主体に貸し付けることなどが考えられる。

第4章　業者の規制

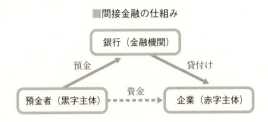

■間接金融の仕組み

「金融」は「金銭」の「融通」である。金融は黒字主体から赤字主体への金銭の融通である。このような金融のシステムの存在は，一国の経済が企業活動に依存する資本主義国家では不可欠なものとなる。

ところで，黒字主体は，赤字主体の存在を知り得ないのが一般的である。赤字主体の存在を知っている場合でも，どのような条件で資金を提供すべきか，または，提供した資金が無事に返還されるかの判断が付かないのが通常であろう。このような状況では，黒字主体にとって，資金の提供を躊躇し，タンス預金をするのが合理的な行動となる。赤字主体も黒字主体のことを知り得ない。そのため，黒字主体から赤字主体に円滑に資金の提供がなされるために，「金融」を「仲介」する機関（すなわち，金融機関）が必要となる。

金融機関といえば，まず「銀行」を思い浮かべる人も多いであろう。黒字主体は銀行についてはその存在を知っており，銀行を信用して預金を行う。銀行は赤字主体に対する資金提供（融資）の可否や条件を判断する能力を有するプロ集団である。赤字主体は銀行に資金の融通を申し込む。これに対して，銀行はその審査能力で資金提供の可否や条件を判断する。このような形で，黒字主体の資金が銀行を経由して，間接的に赤字主体に提供されるシステムが構築された。以上の金融の仕組みは，**間接金融**と呼ばれることがある。

日本では，企業の金融は銀行融資に依存する，間接金融優位の時

1　業者規制の意義

■金融商品取引業者の役割

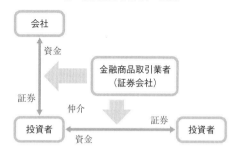

代が長く続いた。特に，第二次世界大戦後の高度経済成長時代には，企業の旺盛な設備投資の意欲に応じて資金需要が増大し，これに伴う資金不足は銀行からの融資で賄われた。しかし，経済が安定成長時代に入ると，企業は設備投資を抑制し，経営の効率化を図るようになった。このような状況にあって，企業の資金調達方法も多様化した。なかでも，会社が証券の発行による資金調達を活発に行うようになったことが重要である。すなわち，株式などの証券の発行で投資者から資金の調達を行おうとする企業が現れた。国民も相対的に豊かとなり，余剰資金の運用を希望する者も増加した。銀行預金に付される金利に満足しないものは，資産の運用の対象として会社の発行する株式などに目をむけるようになった。

　証券の発行により，直接に投資者から資金調達をすることを，上記の間接金融と対比して，**直接金融**と呼ぶことがある。もっとも，証券の発行会社は，それを発行するためのノウハウ，販売力を持たないのが通常である。そのため，企業と投資者を仲介する金融機関が必要となる。その役割を果たすのが**金融商品取引業者**（証券会社）である。さらに，既発行証券の売買（流通市場）においても金融商品取引業者の果たすべき役割が重要である。特に，一般投資家は，

139

第4章　業者の規制

■その他の金融機関の役割

[保険会社]

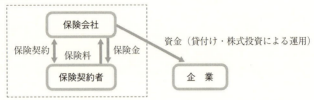

[信託銀行]

[貸金業者]

金融商品取引所に上場されている証券の売買を行うことが多いところ，その仲介を行うのが金融商品取引業者である。

　直接金融のシステムが機能するには，黒字主体である投資者との接点となる金融商品取引業者に対する投資者の信頼が不可欠である。このような信頼を得るために，金融商品取引業者を規律することが重要となる。これまで述べてきたように，金融商品取引法には様々な目的をもった規定が存在するが，金融商品取引業者を規律し，投資者を保護することもその重要な役割の一つである。

　なお，このほか，日本には，金融機関として，保険会社，信託会社・信託銀行，貸金業者などがある。これらの金融機関は，保険業

法，信託業法，貸金業法による規制を受ける。

(2) 金融サービス法と投資サービス法

前述のように，日本では，各種の金融機関が存在し，各業法による規制が行われてきた。このような規制は「**縦割り規制**」と表現されることもある。これに対して，イギリスでは，サッチャー政権のもとで，いわゆる「**ビッグバン**」（Big Bang）と呼ばれる金融大改革が実施され，同時期に，金融サービスを総合的に規律する法律が制定された。イギリスでは，生命保険や投資信託の販売などにおいて，手数料や報酬の獲得を目的に，投資者に不利な商品が販売され，投資者が不当に損害を被る事例が多発した。さらに，投資者への勧誘・販売の際に詐欺的な行為も横行し，これに対する激しい批判が巻き起こった。この時期，銀行法などの業法は存在していたものの，投資者を保護するための包括的な規制は存在していなかった。そこで，イギリス政府は，サウサンプトン大学のガワー教授（L. C. B. Gower）の助言を受け，1986年に金融サービスに関する包括的立法を成立させた。これが，「**金融サービス法**」（Financial Services Act 1986）である。同法律は，2000年にも大改正され，その名称も「**金融サービス市場法**」（Financial Services and Markets Act 2000）に改められている。これらにより，金融サービスに関する包括的かつ横断的規制が実現した。

日本においても，近年になり，金融技術やIT技術が進歩し，新しい金融商品が開発・販売されるようになった。これらの金融商品については，既存の各業法における規制の対応が追いつかず，詐欺的な行為により投資者に多大な損害を与える事態も発生した。他方で，金融機関側でも，従来の固有業務の範囲では，企業体の維持や発展が困難な時代となり，利用者のニーズを求めて，それまで扱っ

ていた商品の枠を超えて，商品開発やその販売を積極的に展開する
ようになった。これにより「金融サービスの融合化」が進んだ。こ
のようななか，日本でも，幅広い金融商品について，「包括的」で
「横断的」な投資者保護の仕組みを整備することが必要と考えられ
た。その中身は，①従来は，各業法において投資者保護法制の対象
とされていなかった，いわゆる「規制の隙間」を埋めることと，②
それまでの縦割り業法を見直して，同じ経済的機能を有する金融商
品には同じルールを適用するというものである。これらを含めて，
この時期になされた金融市場に関する大改革は，イギリスのものに
なぞらえて，「**日本版金融ビッグバン**」と呼ばれる。

　もっとも，イギリスと異なり，日本では，金融サービスを包括的
に規律する立法の成立には至らなかった。上記②の視点から，同じ
経済的機能を有する金融商品の販売ルールについて，各業法で異な
るものを定めることは妥当ではない。そのため，顧客の保護の視点
から，業者の行為規制を統一することは有用である。しかし，各金
融機関の果たすべき機能には様々なものがあり，また，財務規制に
ついては，その機能ごとに異なるものが定められなければならない。
たとえば，銀行の経営の健全性を維持するために，資産（貸付債権）
に対する自己資本の割合を一定以上にする規制（自己資本比率規制）
は金融商品取引業者や保険会社と当然に異なるべきものである。各
業法の規定を形式的に一本の法律にまとめただけでは意味がない。
金融サービス法を制定した国はイギリスのみであり，諸外国では，
程度に差はあれ，縦割り規制は維持されている。以上の事情から，
日本でも，包括的な立法の制定は見送られた。

　他方で，上記のように，同じ経済的機能を有する金融商品の販売
ルールについては，統一を図るべきである。たとえば，**変額保険**は，
証券市場の動向によって受け取る保険金の額が変動する保険である。

1　業者規制の意義

■イギリスと日本の金融ビッグバン

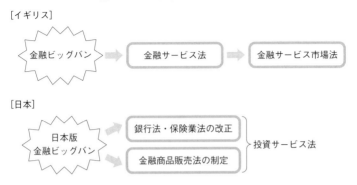

　また，**デリバティブ預金**（仕組預金とも呼ばれる）は，将来の為替レートにより，受け取る通貨が異なる預金である（たとえば，特約レートより円安であれば元本を円で受け取り，円高であれば外貨で受け取るものなどがある）。これらの金融商品では，契約者（預金者や保険契約者）は，通常の預金や保険に比べて高いリターンを得る可能性がある反面，証券投資と同様に，元本割リスクをはじめとした各種リスクを負う。このような投資性の高い金融商品については，金融商品取引法が金融商品取引業者に対して定める規制と同じものを適用するものとした（これらの金融商品は，「特定預金等」「特定保険契約等」として，銀行法や保険業法で，金融商品取引法の規定を準用するものとされている〔銀行法13条の4，保険業法300条の2〕）。以上のことから，日本で実現した立法は，「金融サービス法」というよりは「**投資サービス法**」と位置づけできる。

　なお，2000（平成12）年に金融商品の販売に関する法律（**金融商品販売法**）が制定された。この法律は，金融商品の販売業者が顧客に対して説明義務を負うこと，説明義務違反によって生じた損害の賠償責任を民法の特例として定めたものである。規制の対象となる

第4章　業者の規制

説明義務・断定的判断の提供に
関する損害賠償責任

■金融商品販売法による横断的規制

「金融商品の販売」として，預金の受入契約，保険契約，有価証券を取得させる行為などが規定されている（金販法2条1項）。金融商品販売法は，各業法で個別に規定されていた金融機関の業務について，説明義務に焦点を合わせ，はじめて横断的に規律を行うものとして注目されるものである。

(3) 金融商品取引業の参入規制

日本の憲法は，公共の福祉に反しない限り，国民に職業選択の自由を保障している（憲法22条1項）。公益性の高い業務については，すべての者に開放することは妥当ではない（公共の福祉に反することが懸念される）。そこで，このような業務については，一定の参入規制を設けることが許される。金融商品取引法は，金融商品取引業について，参入規制として，**登録制**を採用している（29条）。これは，一定の登録要件を満たす者に，当該業務を行うことを許容するものである。

金融商品取引法の前身が第二次世界大戦後に制定された証券取引法であることは既述の通りである。証券取引法の制定にあたり，アメリカ法にならい，証券業は登録制と定められた。しかも，登録要件は緩やかなものであり，個人も証券業の登録が可能であった。その後，証券業を株式会社によるものに限るなど，登録要件は徐々に厳格になったものの，登録制のもとで，証券業者は「玉石混交」の時代が続いた。

1961（昭和36）年に公社債投信（国債や社債を中心に投資を行う投資信託）が発売され，証券ブームに火をつけた。銀行預金を解約して，証券会社で投資信託を購入する人々が増加した（株式投信と公社債投信の合計残高が1兆円を超えた）。某大手証券会社の宣伝文句である「銀行よ，さようなら，証券よ，こんにちは」は流行語にもなった。この時代，証券業界はそれまでにない繁栄を迎えることとなった。しかし，未成熟な証券市場と急成長を遂げる証券会社の関係は，「池の中をクジラが泳いでいる」と形容された。

投資信託の人気は株高に支えられていた。もっとも，その後，株価の下落が続き，投資信託は額面割れとなった。投資信託の人気は衰え，その解約に人々が殺到した。株価下落を受けて，政府は，株式を買い上げる機関を創設（日本共同証券株式会社の設立）したものの，株価回復の兆しは見えなかった。

このような状況において，1965（昭和40）年に，当時の最大手の証券会社であった山一証券が経営破綻した。証券界に激震が走り，昭和の**証券恐慌**は頂点に達した。この間，多くの証券会社の経営が悪化し，経営危機に陥った。日本銀行は，山一証券に対して，特別融資（**日銀特融**）を実施し，民間銀行を通じて，実質上，無担保・無制限の融資を行った。日本銀行が特定の民間企業に対して融資を行うことは極めて異例であったが，時の田中角栄大蔵大臣の指示のもと日銀特融が決断された。この時期が証券界にとってドン底であった。その後，いわゆる「いざなぎ景気」が始まり，日本経済も繁栄を取り戻した。これとともに証券市場に活気が戻り，株価の上昇を受けて，山一証券は，日本銀行から借り入れた資金を完済し，四大証券として立ち直ることができた。なお，1997（平成9）年に，山一証券は，再び経営危機に見舞われたが，今度は復活することはできなかった。

第4章　業者の規制

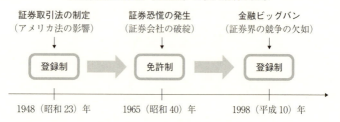

ところで，このような証券恐慌により，証券会社の監督規制の改善が必要との認識が強まった。特に，証券業に参入が容易な登録制が採用されていることが問題視された。そこで，証券業について，より厳格な参入規制である**免許制**が採用されることとなった。免許制への移行は，規制強化を意味するが，規制を受ける証券業界からも要望が出されていたことが注目される。

免許制の特徴は，免許を得るために必要な要件が規定され，さらに，監督官庁に，免許付与の裁量が与えられていることにある。このことは，免許を与えた業者に対して監督官庁が後見的な立場に立つことを意味する。免許制への移行後，証券会社の社会的地位は格段に高まった。しかし，その後，新たに免許を受けた国内会社はなく，証券市場における競争が欠けていることが問題となった。すなわち，免許制が，既存の証券会社の既得権を保護するものとなってしまっていたのである。当時の証券取引所への委託手数料は固定制が採用されており，このことが，さらに，証券会社に対する過剰な利益をもたらしていると批判された。

その当時，日本でも，イギリスの動向を参考に，「日本版金融ビッグバン」が検討され，その一環として，証券業の免許制を再度登録制に改めることが決定された。このような参入規制は，金融商品取引法にも引き継がれている。

1 業者規制の意義

Column 21　金融商品取引所の手数料の自由化

　金融商品取引所（証券取引所）での売買取引は，各取引所が定める**受託契約準則**というルールに基づいて行われる。そこでは，顧客の注文を取り次いだ証券会社がこれにより受け取る手数料（委託売買手数料）が，売買代金に応じて，段階的に定められていた（**固定手数料体系**）。すなわち，どの証券会社に行っても，同一銘柄を同量買い付ける（売り付ける）注文について同じ手数料を支払う必要があった。このことは，競争による手数料の引下げ合戦がない状況で，過剰な利益を証券会社にもたらしたと非難された。さらに，固定手数料は，競争を阻害していることから，独占禁止法に抵触する恐れも指摘された。そこで，1994（平成 6）年 4 月より，大口取引に係る手数料から徐々に自由化が実施され，現在では，委託売買手数料は完全に自由化されている。これにより，投資アドバイスを省く代わりに，手数料を大幅に引き下げる業者（**ディスカウント・ブローカー**）が誕生した。また，取引ごとに手数料を支払う方法以外に，1 日の売買金額の合計に合わせて手数料を定める業者も存在する（ボックス・レートと呼ばれる）。この場合，1 日の約定代金合計が一定範囲以内であれば，何度取引をしても定額料金となる。

　登録制に移行後の証券会社の数の推移は後掲のグラフの通りである。日本の証券市場が低迷するなか，外国証券会社の撤退が顕著である。また，グラフの数の上では明らかでないものの，地域のいわゆる「地場」（じば）証券会社の廃業が進み，他方で，いわゆる「ネット証券」の数が増加している。ネット証券は金融ビッグバンでの証券取引所の手数料自由化を契機に誕生した。現在では，個人投資家の売買注文の 80％ はインターネットを経由したものとなっている。

　金融商品取引業には，①第一種金融商品取引業，②第二種金融商品取引業，③投資助言・代理業および④投資運用業の四つのものが

147

第4章　業者の規制

■証券会社の数の推移（日本証券業協会の会員数）

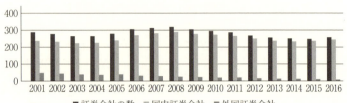

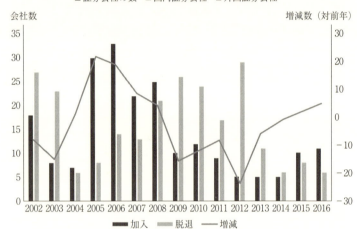

■金融商品取引業の種類

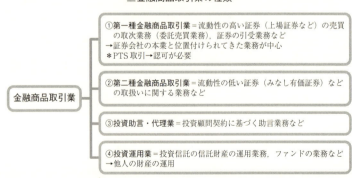

ある（28条参照）。上記の区分により，登録要件が異なる。たとえば，①は，一定の組織・資本金を備えた株式会社でなければならず，業務を適格に遂行するに足りる人的構成も必要である。日常的に一般投資家と接する機会のある業務を行うため，金融商品取引業のなかでも最も厳格な参入規制が定められている。④も顧客財産を預かるものであることから，同様の厳格な参入要件が規定されている。

　ところで，コンピュータ技術の進歩やインターネットの普及により情報伝達手段は高度に発達している。金融商品取引業者のなかには，顧客の売買注文を金融商品取引所に取り次ぐのではなく，電子情報処理組織を利用して，自らが仲介するサービスを行うものがある。このような取引は，**私設取引システム**（**PTS 取引**〔Proprietary Trading System〕）という。かつては，証券会社は顧客の注文は必ず証券取引所に取り次がなければならなかった（**取引所集中義務**）。1998（平成10）年の改正で，このような規制が撤廃され，上記のような取引が可能となった。私設取引システムは金融商品取引業の一つであるが（第一種金融商品取引業），その業務が金融商品取引所に近いため監督当局による十分な監視が必要であるとされた。そのため，私設取引システムを行うためには，登録では足らず，認可を受けなければならない（30条1項）。

　海外では，わが国の私設取引システムに類似するものが，取引所市場での取引を脅かす状況となっている国もある。日本では，ネット証券などが同業務に参入し，夜間取引なども行っていたが，現在（2018〔平成30〕年2月時点）で，2社（SBI ジャパンネクスト証券とチャイエックス・ジャパン）が運営するのみとなっている。

(4)　銀行・証券の分離

　私たちは，銀行の窓口で上場株式の買付けを委託することはでき

第4章　業者の規制

ない。他方で，金融商品取引業者の窓口で預金をすることもできない。これは，銀行と金融商品取引業者の間で，業務を分離する政策がとられているためである（**銀証分離**）。

　銀行と証券の分離政策は，もともとアメリカで採用されてきたものである。アメリカでは，1929 年のニューヨーク証券取引所での株価の大暴落を契機として，大恐慌（the Great Depression）が発生し，その後，未曾有の不況に見舞われた。これに伴い，各地で銀行の破綻が続発した。そのため，1933 年には，ルーズベルト大統領（F.D. Roosevelt）は，全国の銀行の業務を停止する，いわゆる「**銀行休日**」（bank holiday）を宣言せざるを得なくなった。このような状況のもと，連邦議会では，「犯人探し」のための特別委員会が設置された。この委員会は，ペコラ弁護士（F. Pecora）が委員長を務めたため，「**ペコラ委員会**」と呼ばれ，後世に名を残すものとなった。ペコラ委員会によって，1920 年代後半に活況を呈した証券市場において，相場操縦，粉飾決算など，様々な不正行為が銀行の証券子会社などの関与のもと横行していたことが明らかになった。また，証券業務に深く関与していたため，株価暴落によって，銀行の経営の健全性が著しく害された。このような調査を受け，連邦議会では，銀行の証券業務を厳しく制限する立法が上程され，可決された。この立法の正式名は，「1933 年銀行法」であるが，提案者の名を冠して「**グラス＝スティーガル法**」（the Glass-Steagall Act）と呼ばれている。

　日本における銀行と証券の分離政策は，証券取引法の制定の際に導入された。すなわち，同法の立法過程の終盤において，当時のアメリカ占領軍（GHQ）の強い要望で，銀行と証券の分離規定が定められた。前述のように，アメリカでは，主として，銀行の健全性を維持する観点から分離規定が定められた（したがって，分離規定は銀

150

1 業者規制の意義

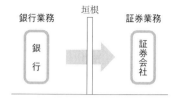

■垣根争い――攻める銀行，守る証券

行法のなかで定められている）。これに対して，日本では証券取引法のなかで規定された。このような背景には，当時検討されていた金融業法の制定が実現しなかったことから，同時期に立法作業が進んでいた証券取引法において，急遽，規制が導入されたという事情がある。

ところで，銀行と証券の分離規制をめぐっては，その後，銀行による証券業務への参入の動きが活発化し，それを阻止しようとする証券界との間で，激しい争いが展開された。業界のみならず学界を巻き込んだ争いは，「**銀行・証券の垣根論争**」と言われた。

この論争の第一幕は，銀行における**国債の窓口販売**が舞台であった。財務省によると，2017（平成 29）年 12 月末の時点で，国の借金は約 1086 兆円であった（日本人の人口で単純計算すると，国民一人あたり 845 万円の借金を背負っていることとなる）。このうち，国債の発行残高は約 956 兆円にのぼる。もっとも，第二次世界大戦後は，しばらく国債の発行が行われず，それが再開されたのは 1965（昭和 40）年であった。ただし，国債の発行にあたり，そのすべての引受けは銀行が行い，これを市中に売却することはなかった。しかし，国債の大量発行時代に入って，銀行だけで国債を引き受けることは困難となった。そこで，銀行は，国債をその店舗で投資者に売却できるように強く主張するようになった。証券業界の反発は強かった

151

第 4 章　業者の規制

ものの，大蔵省の関係部局（当時，銀行局，証券局，理財局があり，銀行は銀行局，証券会社は証券局が監督権限を有していた）の間での調整が行われ，最終的に，公共債に関する証券業務について銀行法に明文の規定を置くことと（銀行法 10 条 2 項 4 号・11 条 2 号），証券取引法において，当該業務を行う際の認可を要するものとされた（現行 33 条の 2 第 2 号では登録を要するものとされている）。

　つぎに，第二幕は，**コマーシャル・ペーパー**（CP）に関する証券業務をめぐって展開された。CP は，企業が短期の資金調達のために発行する債務証券である。その性格は短期の社債である。CP は，アメリカにおいて誕生し，日本に上陸した。その際，CP 発行による資金調達には，それを斡旋する（投資者に販売する）業者が必要であり，銀行と証券会社のどちらがそれを担当できるかが問題となった。CP が短期の社債という性格を有しているのであれば，社債の引受けと同様に，銀行はそれを行うことができない。他方で，発行企業の視点では，債務による短期の資金調達手段でもあり，この点では，銀行貸付けと同様の経済的効果を有している。第二幕が開き，銀行と証券会社ががっぷりよつに組んだ土俵において，大蔵省（当時の監督官庁）が行司としての采配を振るった。その裁きは，銀行と証券会社の両方に業務を行わせるというものである（規制は変遷を経て，現行法のもとでは，CP は約束手形と規定され〔2 条 1 項 15 号〕，金融商品取引業者は本業としてその業務を行うことができる。他方で，銀行は，銀証分離の例外として，登録を受けることでその業務を行うことが認められている〔33 条 2 項 1 号，銀行法 10 条 2 項 5 号〕）。業際問題が発生した場合，アメリカでは，裁判で決着が図られる。これに対して，日本では，裁判沙汰にはならず，監督官庁が仲介者として登場し，業務範囲を実質的に決定する役割を担ってきた。

　そして，第三幕は，1998（平成 10）年の日本版金融ビッグバンが

152

1　業者規制の意義

■販売機関別の株式投資信託の残高の推移

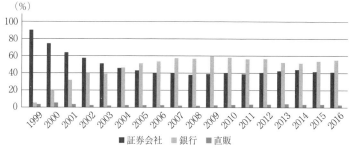

＊投資信託協会ウェブサイトのデータより作成

舞台であり，その主役は**投資信託**であった。それまで，投資信託は，投資信託委託会社が組成し，受益証券を証券会社の窓口で販売していた（投資信託委託会社から直接に購入することもできた）。投資信託は，小口の投資資金をプロが運用するもので，投資者にとって証券投資の入門的な商品である。銀行は，預金集め以外に，投資信託の販売手数料を得ることができる。この段階で，証券界の反対はなく，銀行窓口での投資信託の販売が解禁された。

銀行での窓口販売が解禁された後，株式投資信託の純資産総額は増加している。すなわち，2000（平成12）年に15兆円程度であった残高は2016（平成28）年には83兆円に増加している。これは銀行の窓口販売が大きな要因である。銀行を窓口とした投資信託の販売実績は格段に向上し，2004（平成16）年以降，販売実績の過半数を占めている。

なお，従来，銀行は一般顧客に対して，元利金を保証する商品（すなわち，預金）の販売を行っていた。これに対して，投資信託は，市場の状況により元本割れの恐れのある商品である。銀行は，これまで投資リスクの発生する金融商品を取り扱ってこなかったため，

第4章　業者の規制

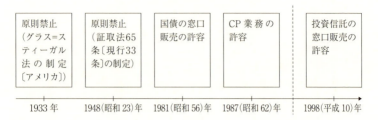

銀行の預金者は，預金と同様に，銀行が，元利金の支払いを保証しているものと誤認する危険性がある。この点について，銀行は，投資信託を販売する際，①預金でないこと，②預金保険の対象とならないこと，③元本の返済が保証されていないこと，④契約の主体，⑤その他預金等との誤認防止に関し参考となると認められる事項を，書面の交付等により説明しなければならない（銀行法12条の2第2項，銀行法施行規則13条の5第2項）。さらに，銀行店舗内では，投資信託は特定の窓口で取り扱うことが要請され，さらに，その窓口では，上記①から③の事項を顧客の目に付きやすいように掲示しなければならない（銀行法施行規則13条の5第3項）。

銀行と証券の垣根の一つは，銀行に市場リスクのある金融商品の取扱いを認めるかどうかという点にあった。銀行に投資信託の窓口販売を許容したことで，銀行は，この点での大きなハードルを越えたことになる。これにより，金融商品取引業者の業務の本丸である株式の取扱いを否定する理論的根拠を見つけることは難しくなったためである。

なお，銀行などで，内閣総理大臣の登録を受けて一定の金融商品取引業を行うものを**登録金融機関**という。登録金融機関が行う投資勧誘などについては，金融商品取引業者と同様の規制が適用される

1 業者規制の意義

■銀行と証券の融合

（金融商品取引業者等として規制される）。2018（平成30）年3月31日時点で，1043の登録金融機関が登録されている（金融庁ウェブサイトより）。

なお，金融業務について分離政策をとらない国もある。たとえば，ドイツでは，銀行が広く，銀行，証券，保険の業務を展開できる。このような制度を**ユニバーサルバンキング制度**という。また，分離政策をとる国でも，銀行と証券の融合が進んでいる。日本では，**業態別子会社**（銀行が証券子会社を所有，または，証券会社が銀行子会社を保有）が認められ，さらに，持株会社の解禁に伴い，現在では，**金融持株会社**を頂点として金融グループの形成が実現している（金融持株会社が銀行子会社・証券子会社を保有）。

Column 22　ファイアー・ウォール

　ファイアー・ウォールは，日本語で「防火壁」である。ここでは，業務を兼営する際に，一つの業務で生じた問題（火事）が，他の業務に悪影響を与えること（類焼）を防止するための方策を意味する。銀行と証券の間にもこの「防火壁」が設けられている。たとえば，銀行が，自らを犠牲にして，系列の証券会社を援助する行為が規制される。すなわち，A銀行がB証券会社との間で，通常の条件よりも，B証券会社に有利な金利で（低金利で）融資を行うことで，A銀行がB証券会社を支援することなどが禁止される（44条の3第1項1号など）。このような規制は，関係者の間であっても，独立した者の間

での取引条件の実施を要請するもの（**独立当事者間取引**）で、「アームズ・レングス・ルール」と呼ばれる。

B証券会社に有利な条件での取引

さらに、B証券会社が取引先（C）との契約を締結できるように、A銀行がCに対して特別の融資を行うこと、または、Cに対して、通常よりも安い値段で土地を売却する行為などが禁止される（44条の3第1項2号など）。これらはいわゆる「抱き合わせ取引」を禁止するものである。

ところで、銀行と証券会社の業務の相互参入が認められた当初、銀行の影響力のゆえに、証券子会社の業務が有利に展開できることが懸念された。そこで、B証券会社の商号にA銀行の商号（たとえば、住友、三菱など）を使用することが禁止された。また、A銀行の役職員がB証券会社の担当者とともに顧客を訪問すること（**共同訪問**）も厳格に規制されていた。A銀行からB証券会社への役員・従業員の出向にも制限があった（「ノーリターン・ルール」などと呼ばれた）。しかし、その後、銀行の影響力を考慮した規制は緩和または廃止され、共同訪問も解禁された。もっとも、両者が別法人であることを開示せず、同一の法人であると顧客に誤認させるような行為を行うことは禁止される（44条の3第1項4号、金商業等府令153条1項11号）。

1　業者規制の意義

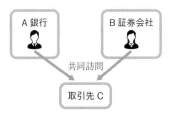

　また，A銀行とB証券会社との間で顧客の未公表情報の授受を行うことは禁止されている（金商業等府令153条1項7号）。これは，情報源である取引先の保護のための規定である。そのため，取引先の同意がある場合には授受は許容される。さらに，取引先に未公表の情報の授受の停止を求める機会を提供していれば，取引先がその停止を求めるまでの間は，授受の同意があったものとみなされる（同条2項）。この制度は，顧客に不同意（いわゆる「オプトアウト」）の機会を与えることを条件に，非公開情報の授受を原則として許容するものである。この制度は，顧客が法人である場合にのみ適用される。

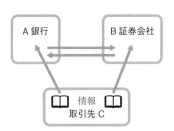

　なお，A銀行が融資先に対して，融資の中止や融資において不利な取扱いをすることなどを示して，B証券会社との取引を事実上強制するような行為は，優越的な地位の不当利用として禁止される（44条の3第1項4号，金商業等府令153条1項10号）。このような行為は，独占禁止法にも抵触する可能性のあるものである。

157

第4章　業者の規制

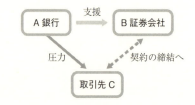

(5) 金融商品仲介業

　金融商品仲介業は金融商品取引業の媒介を行うものである。媒介は取引の成立に尽力する行為であり，契約の当事者になることはない。すなわち，証券の売買契約自体は顧客と金融商品取引業者の間で締結され，金融商品仲介業はその仲介を行うものである。金融商品仲介業者は，金融商品取引業者の代理人として顧客と契約を結ぶことができない（代理権を有さない）。また，顧客の金銭・有価証券の預託を受けることができない（66条の13）。なお，金融商品仲介業者が顧客に与えた損害については，金融商品取引業者（**所属金融商品取引業者**）に損害賠償責任が法定されている（66条の24）。金融商品仲介業者には資力が十分でないものも想定できるため，顧客保護のために，このような責任が特に規定されている。

　この制度は，2003（平成15）年に，証券の販売チャネルを拡大し，個人の資金を証券市場に取り込むために設けられた。金融商品仲介業を営むためには内閣総理大臣（金融庁長官）による登録が必要である（66条の29）。制度創設以来，リース会社や信販会社が本業と隣接する業務として，自動車の販売会社がその販売網を利用して証券の販売を行うために金融商品仲介業に参入している例もある（名古屋トヨペット株式会社・愛知トヨタ自動車株式会社など）。個人としては，税理士，ファイナンシャルプランナーなどが，顧客の資産の運用・助言において総合的なサービスを提供するために金融商品仲介

1 業者規制の意義

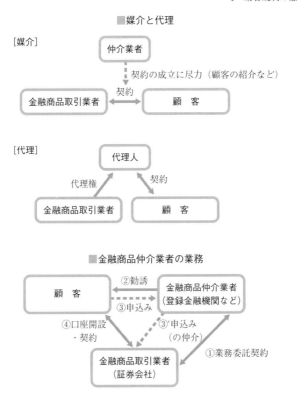

業の登録を行っている。2018（平成30）年3月31日時点で登録者数は860件となっている（金融庁のウェブサイトで業者の一覧を見ることができる）。

ところで，当初，銀行などの金融機関は，金融商品仲介業への参入が禁止されていた。これは，銀行本体での証券業務が禁止されていることを理由とする（銀証分離）。しかし，銀行による当該業務への参入は，顧客にとっての利便性を高めるものであり（ワンストップ・ショッピングを可能にするほか，証券会社の店舗の少ない地域におけ

るアクセス改善になる），また，投資経験のない銀行顧客層の市場参加を促し，新たな裾野の拡大が期待できる。そこで，2005（平成17）年に，銀行による金融商品仲介業への参入を認める改正がなされた。登録金融機関は，金融商品仲介業者としての登録をせずに，金融商品仲介業を行うことができる。なお，銀行などは，日常的に，預金等の受入れで顧客の金銭等の預託を受けている。そこで，登録金融機関が金融商品仲介業を営む場合，顧客の金銭・有価証券の預託禁止の規制は適用されない。また，金融商品仲介業者が顧客に与えた損害につき，所属金融商品取引業者の損害賠償責任の規定も適用されない。登録金融機関は，顧客への賠償能力があるため，このような責任を所属金融商品取引業者に課す必要性は乏しいことによる。

⑹　ファンドの規制

　投資信託は，①投資者によって拠出された資金をプールして（ファンドとして，大きな単位にまとめ），信託銀行が管理し，②これを投資の専門機関（投資信託委託会社）が運用し，③投資の結果得た利益が，拠出額に応じて投資者に還元される制度である。運用に関しては，危険を最小限とするために分散投資を行う。資金の拠出は，ファンドの受益権を購入することによって行う。投資信託は，分散投資によるリスク軽減と専門家による運用成果を享受できることから，証券投資の入門として広く利用されている。ファンドの運用は証券投資のみならず，不動産投資でも行われる。不動産投資信託は，REIT（Real Estate Investment Trust）と呼ばれている。

　証券投資に関する格言に，「卵は一つのカゴに盛るな」というものがある。卵を持ち運ぶ際に，一つのカゴに盛ると，そのカゴを落とした場合に，すべての卵が割れてしまう危険性がある。これに対

1 業者規制の意義

■投資信託の仕組み

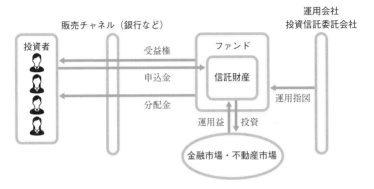

して、複数のカゴに分けると、そのうちの一つを落としても、他のカゴの卵は無事で済む。このように、特定のものに集中的に投資をするのではなく、複数のものに分けて投資を行い、リスクを分散させたほうが良いというたとえとしてこの格言が使われる。投資信託はそれを可能とする一例である。

投資信託のなかには、その受益証券が金融商品取引所に上場されているものもある。これを ETF (Exchange Traded Funds) という。投資成果が株価指数 (TOPIX, 日経 225 など) などに連動するものや、原油価格、外国為替などに連動するものもある。TOPIX (Tokyo Stock Price Index) は、東京証券取引所第一部上場銘柄を対象とする株価指数である。TOPIX に連動する ETF の値動きは、東証一部に上場している全銘柄の値動きと連動するため、それを購入することで、東証一部上場の全株式の現物を保有するのと同じ効果を期待できる。

第 4 章 業者の規制

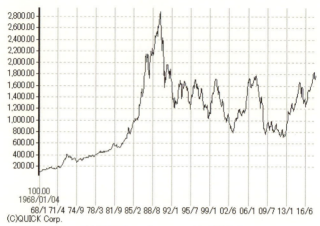

＊日本取引所グループ・ウェブサイト「株価指数ヒストリカルグラフ」

Column 23　日経平均株価と TOPIX

　株価指数とは，多数の銘柄の株価の水準を総合的に表したものである。株価指数の代表的なものとして**日経平均株価**がある。これは，日本経済新聞社が東京証券取引所第一部上場銘柄のなかから 225 銘柄を選び，その平均株価を算出したものである。225 銘柄は日本を代表する会社が選ばれる。そのため，株価が高い銘柄（これを「値がさ株」という）が多く，その影響を強く受けるものとなっている。平均株価というものの，単純株価平均（「対象銘柄の終値の合計額」÷「銘柄数」）ではなく，通常の経済的要因以外の要因による影響を考慮して算定される（たとえば，株式分割による株価の修正〔1 株を 10 株に割れば，株価はおおよそ 10 分の 1 となる〕が反映される）。

　これに対して，TOPIX（東証株価指数）は，東京証券取引所第一部のすべての銘柄の時価総額をもとに指数化したものである。全銘柄の時価総額（株価×発行済株式総数）を合計し，これを銘柄数で除し

たものとなる（「全銘柄の時価総額の合計」÷「上場銘柄数」）。
1968（昭和 43）年 1 月 4 日の値を 100 として算出される
（2018〔平成 30〕年 5 月 1 日時点の TOPIX は 1,774.41 であった）。

　ファンドの投資先には様々なものがある。たとえば，アイドル・
ファンドと呼ばれるものは，アイドルの活動を支援するために組成
され，出資者は，そのアイドルの CD・DVD や写真集，コンサー
トチケットの売上による利益の還元を受けるというものである。映
画の制作に際して，ファンド組成によって資金調達を行い，その興
行収益の一部を配当するいわゆる映画ファンドも同様の仕組みであ
る。調達した資金で若いワイン（または，収穫前のブドウ）を買い付
け，数年後に，高級ワインとして売却することで利益を生みだすワ
インファンドというものもある。このように，複数の出資者から資
金を集め，事業に投資する仕組みを**集団投資スキーム**という。出資
者の出資（集団投資スキームの持分）は，金融商品取引法上の「有価
証券」となる（2条2項）。
　ところで，起業家などが，製品・サービスの開発，アイデアの実
現のために，インターネットを通じて，小口の投資者から資金を集
めるものに**クラウドファンディング**がある。これは「群衆」（crowd）
と資金調達（funding）を組み合わせた造語である。インターネット
の普及で，コストをかけずに，このような行為を行うことが可能と
なった。従来から，インターネットを通じて慈善事業への寄付を募
るものや（寄付型クラウドファンディング），事業への投資を呼びかけ，
資金提供者に生産した商品を送付するといったもの（購入型クラウ
ドファンディング），出資者が利子という形で一定のリターンを受け
るともの（貸付型クラウドファンディング）があった。これに加えて，

163

第4章　業者の規制

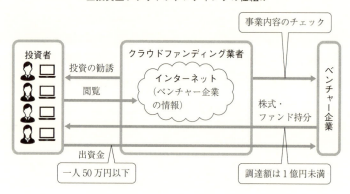

2014（平成26）年の改正で，株式および投資ファンド持分の発行をクラウドファンディングで行うための法整備が行われた（投資型クラウドファンディング）。

インターネットを通じた株式への投資勧誘は，詐欺的な取引を誘発する危険性がある。そこで，投資型クラウドファンディングは，一定の要件を満たした仲介業者（クラウドファンディング業者）のみが行えるものとした。他方で，厳格な規制は同業務の推進の妨げとなるため，当該業務への参入要件は緩和されたものとなっている（株式についてのこのような仲介業務は第一種金融商品取引業となるが，最低資本金の引下げなど，通常の参入規制と比べて要件が緩和されている）。さらに，クラウドファンディングで調達が可能な金額は1ファンドあたり1億円未満とされ，個人の出資は，1ファンドにつき50万

円以下に制限されている。詐欺的な行為に悪用されないように、クラウドファンディング業者に対して、ネットを通じた情報提供やベンチャー企業の事業内容のチェックが義務づけられる。

> Column 24　プロ向けのファンド
>
> 　投資ファンドを利用して集められた資金を運用することは投資運用業に該当する。他人の資金を運用することから、投資運用業を営むためには厳格な参入規制が課せられる。もっとも、いわゆる「プロ向けファンド」については、登録は求められず、届出によってファンド持分の販売が可能とされている。これは、プロ向け（適格機関投資家）であれば、投資者保護を目的とする厳格な規制は不要と考えられたものである（このような特例は、**適格機関投資家等特例業務**と言われる）。
>
>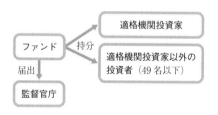
>
> 　もっとも、そこでは、1名の適格機関投資家（プロ）がいれば、適格機関投資家以外の者への販売が可能とされていた（49名以下である必要はある）。プロのみが出資するファンドに限らず、プロ以外の者が一定数含まれることを認めたのは、このようなファンドに運営会社の役員等が出資する場合があることを考慮したものである。しかし、この制度を悪用し、1名の適格機関投資家をダミーとして置くことで、一般投資家を対象にファンドの販売を行うものがあった。特に、高齢者などに詐欺的な勧誘がなされ、被害が拡大するという問題が発生した。そこで、2015（平成27）年に、届出要件の強化（欠格事由の導入）、行為規制の拡充（適合性の原則の適用）、問題業者への行政処

第4章　業者の規制

分（業務改善命令，停止・廃止命令）を可能とする改正が行われた。また，49名以下の一般投資家についても，上場会社，資本金・純資産額が5000万円以上の法人，投資金融資産を1億円以上有する個人投資家などに限定されている。

2　投資勧誘規制

(1)　投資者の「自己責任の原則」と業者の「誠実公正の原則」

　株式投資においては，株価の値上がりによって利益が出た場合は，投資者はその利益を享受できるものの，株価が下落した場合には，その損失は自己で負担しなければならない。投資先の会社が破綻した場合は，株式の価値はゼロになりかねない。このような投資リスクは自己責任で負担すべきである。

　このように，投資者に「自己責任の原則」が適用される一方で，金融商品取引業者には「誠実公正の原則」と呼ばれる原則が課せられる。これは，金融商品取引業者に対して，「顧客に対して誠実かつ公正に，その業務を遂行」する義務を要求するものである（36条1項）。株式などの金融商品は，電化製品などと異なり，手にとって品質を確認することができない。また，その価値は，将来の市場の動向によって変動する。そのため，金融商品の販売は，顧客の業者に対する信頼がなければ成り立たない。誠実公正の原則は，抽象的な規定であるものの，顧客の信頼を得るために業者に誠実に行動することを求める基本原則であり，その具体的な内容は，各種のルールとして金融商品取引法などに詳細に定められている。

　投資者は，金融商品取引業者による投資勧誘を受けて，証券投資を行うことも多い。そのため，投資者に自己責任を要求する前提として，金融商品取引業者による不当な投資勧誘や不当な取引を防止することが強く求められる。金融商品取引法は，投資者保護のため，

2　投資勧誘規制

金融商品取引業者が遵守すべき投資勧誘規制を定めている。このような投資勧誘規制は，法令によるものだけでなく，金融商品取引業協会（日本証券業協会）の自主規制によっても行われている。なお，既述のように，銀行なども登録金融機関として一定の金融商品の販売を行うことができる。金融商品取引法が定める業者規制は，この範囲において，登録金融機関に及ぶ（条文上は，「金融商品取引業者等」として規制される）。

Column 25　プロの投資家

　投資者のなかにはプロと呼べるような投資に熟練した者も存在する。このような投資者に対して，アマである一般投資者と同様の保護は不要である。過剰規制は金融商品取引業者等にとってもコスト負担となる。そこで，金融商品取引法は，**特定投資家**という概念を定め，それに該当する者との間では，金融商品取引業者に課す規制の一部を適用しないこととしている。

　特定投資家は，①適格機関投資家，②国，③日本銀行，④内閣府令で定める「法人」である（2条31項）。③日本銀行は，為替への介入を行うことがあるが，金融商品取引でもプロと位置付けられている。④については，上場会社，資本金が5億円以上の株式会社が含まれる（定義府令23条）。もっとも，このように，形式上，特定投資家に分類される会社であっても，投資のプロと評価されないものもある。そのため，特定投資家のうち④については，金融商品取引法が定める投資者保護のための厳格な規制の適用を受けたければ，一般投資家（法律上の用語は「特定投資家以外の顧客」）に移行することができる（34条の2第1項。①②③は一般投資家への移行は認められない）。また，⑤法人で特定投資家とされる上記の者以外は，形式上，一般投資家に分類される。これらの投資者は，特定投資家に移行することもできる（34条の3）。さらに，個人については，原則的に一般投資家となるが，⑥株式などの金融資産が3億円以上と見込まれることなどの条件を満たした場合，特定投資家に移行することが認められる

167

(34条の4,金商業等府令62条)。⑦これ以外の個人は,特定投資家に移行することができない。

(2) 適合性の原則

金融商品取引業者等は,顧客の属性に応じた投資勧誘を行わなければならない。これを「**適合性の原則**」という(40条1号参照)。ここで考慮すべき顧客の属性は,「知識」「経験」「財産の状況」および「投資目的」である。投資経験が浅く,知識が十分でない顧客に対しては,仕組みが複雑で理解が難しい金融商品の勧誘をすべきではない。もっとも,金融商品の仕組みを説明し,理解ができるようであれば,勧誘は許容されると解するべきである。このような説明をしても理解が不能である場合は,勧誘は禁止されなければならない。また,十分な財産を有さない年金生活者である顧客に対して,ハイリスクの金融商品を勧誘することは,将来の生活の危険を伴う行為であり,厳しく規制されるべきである。「知識」「経験」と異なり,どのような説明をしても「財産の状況」が向上することはない。

適合性の原則は,金融商品取引業者等の営業範囲を制限するものである。もっとも,投資リスクのある金融商品の販売にあたって,金融商品取引法は,後見的な立場から,それに適合しない投資者を市場から排除する形で,投資者の保護を優先させている。

なお,投資者が勧誘を希望する場合のみ,投資勧誘を許容し,そ

れ以外の場面では勧誘を一切禁止するルールがある（**不招請勧誘規制**）。これは，業者による「飛び込み営業」を禁止するもので，業者規制として相当に厳しいものである。そのため，その適用範囲は限定されている。

不招請勧誘規制は，金融先物取引の一種で，通貨・為替の変動を取引対象とする外国為替証拠金取引の勧誘による被害が社会問題となり，2005（平成17）年に，これに対応するために導入された。当時，この規制は金融先物取引法に規定されていた。その後，2006（平成18）年の改正で，金融先物取引法は廃止され，その規制は金融商品取引法に引き継がれた。現行法の規制でも，金利・通貨等の店頭デリバティブ取引で個人を対象とするものなどについて，不招請勧誘規制が適用されるものとなっている（38条4号，金商令16条の4第1項）。

なお，電話や訪問による最初の勧誘は禁止しないものの，投資者が引き続き勧誘を受けることを希望しないことを伝えた場合に，それ以降の勧誘を禁止するルールもある（**再勧誘の禁止**）。再勧誘の禁止は，適合性の原則と不招請勧誘の禁止の間に位置付けられるものである。規制の対象は，取引所金融先物取引を含む金融先物取引とされている（38条6号，金商令16条の4第2項）。そこでは，勧誘に先立って顧客が勧誘を受ける意思があるかどうかを業者が確認する義務が課せられる（38条5号）。

> Column 26　デリバティブ取引
>
> 　デリバティブ（derivative）は「派生物」のことで，株式，金，原油などの原資産を基準にその価値が決まる金融商品の総称である（したがって，「金融派生商品」と呼ばれることもある）。これには，先物取引，オプション取引，スワップ取引などがある。また，取引がなさ

第4章　業者の規制

れる場所により，「市場デリバティブ取引」「店頭デリバティブ取引」「外国市場デリバティブ取引」に分けられる。個別の株式を対象とするもののほか，株価指数を原資産とするデリバティブ取引も行われている。以下では，TOPIX 先物取引について，その概要を説明することにしたい。

先物取引は，将来のあらかじめ定められた期日に，原資産の取引時点の約定価格で取引をすることを契約する取引である。株価指数などの取引については，取引単位が定められている。TOPIX 先物取引では，指数の 1 万倍が取引単位となる。そのため，TOPIX が 1400 で 10 単位を取引した場合，〔(1400×1 万)（1 単位あたりの約定価格）×10（単位）＝1 億 4000 万円〕が約定価格となる。個人投資家などのために，取引単位が 10 分の 1 のものもある（ミニ TOPIX 先物など）。

たとえば，東京証券取引所の相場が将来下落すると予想した場合，TOPIX を先物で売付けの約定をしておき（これを「売建て」という），契約締結後，予想通りに相場が下落したとき，下落した価格で買付けをして決済することで利益を得ることができる（1400 で 10 単位売付けをしておき，1350 で買い付ければ，(1400〔売付単価〕－1350〔決済単価〕)×1 万（倍率）×10（決算単位数）＝500 万円の利益となる〔手数料などの取引コストを考慮していない。以下同じ〕。図 1 参照）。相場が下落すると予想するものの，保有株式を売却できない場合（たとえば，取引先との関係を維持するために株式を保有し続ける必要がある場合など）に，このような先物取引で保有株式の値下がりリスクを回避することができる（**売りヘッジ**）。

さらに，投資対象の株式の価格が上昇すると予想したものの，株式取得の資金を得られるのが一定期間後であるような場合には，株式の値上がり分を補うために先物取引が利用される（**買いヘッジ**）。すなわち，TOPIX を先物で買い付けておき（「買建て」という），予想通りに相場が上昇したときに，上昇した価格で売付けをして決済することで利益を得ることができる（1400 で 10 単位買付けをしておき，1440 で売り付けた場合，(1440〔売付単価〕－1400〔決済単

価〕）×1万（倍率）×10〔決算単位数〕＝400万円の利益となる。図2参照）。この利益で，取得しようとしていた株式の値上がり分を補うことができる。

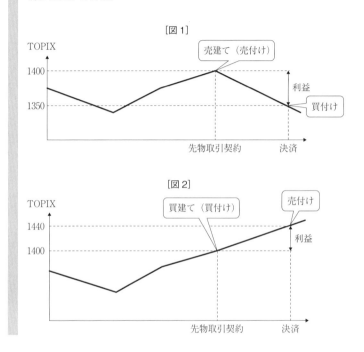

　適合性の原則に違反した勧誘がなされた場合，金融商品取引業者等およびその役職員に対して行政処分が下される。刑事責任は規定されていない。最高裁は，適合性の原則から著しく逸脱した取引の勧誘については，それのみで不法行為による責任（損害賠償責任）が発生するとした（最高裁判所平成17年7月14日判決〔最高裁判所民事判例集59巻6号1323頁〕）。その後の下級審判決でも，この立場が踏襲されている。

第4章　業者の規制

なお，適合性の原則に関する不法行為責任が追及された場合，裁判所が判決で過失相殺（原告にも過失があった場合，損害賠償額が減額される）をすることができるかが論じられている。業者側に違法行為があった場合でも，顧客側に利得の意思があったことを考慮すれば，一般論として，業者の責任を認めながら，過失相殺により責任を軽減することは，妥当な解決方法であると言える。しかし，適合性の原則については，それが遵守されていれば，顧客はそもそも取引に引き込まれることはなかったと言える。勧誘される隙を見せたのが過失とは言い難いであろう。

(3) 説明義務

デパートでの買い物において，気になる商品に関して，店員に素材などについて質問をすることがある。この場合，店員が商品についての説明を行い，気に入れば購入し，あるいは，気に入らなければ商品を購入しない。また，こちらが質問をしないにもかかわらず，店員のほうで，販売を促進するため，商品についての積極的な説明することがある（この場合は，宣伝〔PR〕の意味合いが強い）。いずれにしても，デパートの店員に，商品について積極的に説明をする法的義務は存在しない。

これに対して，金融商品取引業者等は，顧客から質問がなくても，販売しようとしている金融商品について積極的に説明しなければならない。金融商品の価値は目に見えないため，これについての情報は投資判断における重要な要素となる。他方で，業者は金融商品に関する専門家であり，販売する金融商品の情報について，業者と顧客の間に格差があるのが通常である。また，業者が取引によって利益（手数料）を得ていることも重要である。これらのことから，金融商品取引法は，金融商品取引業者等に対して特別の説明義務を課

2 投資勧誘規制

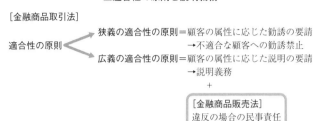

■適合性の原則と説明義務

している。

このような立場は,情報格差のある状況での契約締結を強制することは信義則上許されないというもので（説明をさせることで情報格差を是正させる),裁判例の蓄積によって一般的に認められるものとなった。金融商品取引法では,契約締結前に,契約内容などを記載した書面交付を義務づけており,その際に,内容を説明することを要求している（38条8号,金商業等府令117条1項1号)。この説明は,顧客の属性,すなわち,知識・経験,財産状態,投資目的に応じてなされなければならない。そのため,このような説明義務を「**広義の適合性の原則**」と呼ぶこともある。ここで要求される説明の内容および程度は,商品の仕組み・リスクといった「商品の属性」と知識や理解能力といった「顧客の属性」との相関関係によって定まる。

つぎに,顧客が法人である場合,その属性を法人の基準で判断するのか,担当者の基準で判断するのかが問題となる。法人において過去に十分な投資実績がある場合に,担当者の知識・経験がたまた

第4章　業者の規制

ま不足していることで，業者側により多くの説明を求めること（重い説明責任を課すこと）は妥当ではない。他方で，法人の投資経験は過去の実績から把握は不可能ではないものの，法人自体が意思を持っているわけではないため，その知識は，内部の自然人（担当者）を基準とせざるを得ない。窓口の担当者ではなく，契約締結の権限を有すると見込まれる担当者を想定して，当該担当者を基準とした説明をすれば，業者は免責されると解される。

> **Column 27　金融商品販売法上の説明義務**
>
> 　金融商品販売法は，金融商品の販売業者が顧客に対して説明義務を負うこと，および説明義務違反によって生じた損害の賠償責任を民法の特例として定めるものである。金融商品販売法が規制の対象とする金融商品販売業者等には，銀行，金融商品取引業者，保険会社などが含まれる。金融商品販売業者等は，相場等の変動を直接の原因として元本欠損が生じるおそれがあるとき，その旨と取引の仕組みなどを説明しなければならない（金販法3条1項）。この説明は顧客の知識・経験，財産の状況および投資目的に照らして，顧客に理解されるために必要な方法および程度によるものでなければならない（同条2項。顧客の適合性を踏まえた説明が必要）。重要事項についての説明を怠った場合，顧客に損害賠償をしなければならない（同法5条）。
>
> 　民法上の不法行為による損害賠償を請求する場合，原告が，①権利侵害（違法な行為があったこと），②相手方の故意・過失，③損害額および④権利侵害と損害との間の因果関係を立証しなければならない（民法709条）。この点に関して，金融商品販売法は，②を要件とせず，業者に無過失責任を課している（同法5条）。また，③について，元本欠損額を損害額と推定している（同法6条1項）。そのため，原告は，取得した価額と現在の価額の差額を主張するだけで足りる。さらに，④について，立証責任の転嫁が図られ，業者の側で因果関係がないことを立証しなければならないものとしている（同法6条1項）。

174

これらによって，顧客が業者の責任を追及する場合，「説明義務違反があったこと」および「元本欠損額」を証明すればよく，業者の側で，説明義務違反と損害との間に因果関係がないこと，損害額が元本欠損額よりも少ないことを主張する場合には，業者側がその立証をしなければならないこととなる。

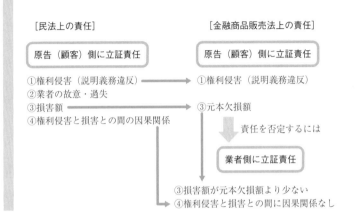

ところで，近年は，個人投資家によるインターネット取引での証券投資が盛んである。インターネット取引は金融商品取引業者等と顧客が直接に対面することがないという特徴がある。しかし，顧客に不適合な投資商品・取引を勧誘することを禁止し，顧客の保護を図る必要性は，取引が対面であるか非対面であるかによって変わることはない。もっとも，対面取引では，顧客の様子を観察し，必要に応じて質問をするなどして，顧客の属性を確認することが可能である。これに対して，非対面取引であるインターネット取引では，顧客の属性に関する情報の提供はもっぱら顧客側に委ねられることから，金融商品取引業者等の側でその真偽を確認することは一層困難となる。

第4章　業者の規制

さらに，インターネット取引については，説明義務をどのように
履行すればよいかが問題となる。インターネット取引は，金融商品
取引業者等のウェブサイトを介したものであるため，金融商品の説
明も，その画面上に説明事項を掲載し，顧客の閲覧に供する方法で
行うほかない。この場合，顧客がパソコンの画面上で表示される説
明事項を読み，その内容を理解した旨の確認を画面上のボタンをク
リックする等で行うといった方法が実施されている。

(4)　不当勧誘の禁止

金融商品取引業者等は，投資勧誘に際し，顧客の投資判断に資す
るため，発行会社の内容，市場の状況等に関する情報を提供するこ
とがある。このような情報は虚偽のものであってはならないのは当
然である（**不実告知・表示の禁止**。38条1号・8号，金商業等府令117条
2号）。さらに，投資勧誘に際して，重要な事項について，顧客が誤
解をする可能性のある表示をすることも禁止される（38条8号，金
商業等府令117条2号）。誤解を生じやすい表現を積極的に使用する
ことだけでなく，必要な表示を行わず，そのために顧客が誤解をし
た場合にも，規制が適用される。たとえば，たまたま，不動産の売
却による特別利益があったため，全体の利益が増えたものの，本業
の利益は低迷している会社の株式について，これらの事情を伝えず
に，今年度の1株あたりの当期純利益と昨年度からその増加を強調
して投資勧誘を行った場合，1株あたりの当期利益の額またはその
増加の状況の表示が正確なものであっても，その投資勧誘は，重要
な事項について投資者に誤解を生ぜしめる情報の提供を行ったもの
とされる可能性が高い。

さらに，有価証券の価格の将来の騰落等は，誰も，確実にこれを
予測することはできない（確実に騰落がわかるのは，インサイダー情報

2 投資勧誘規制

■断定的判断の提供に関する法規制

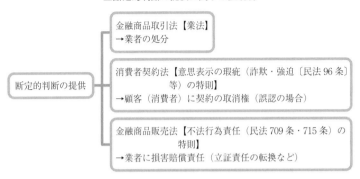

を入手した場合であるが、売買をさせるために情報を伝えることはインサイダー取引規制に抵触する)。しかし、金融商品取引業者等の担当者が、「この銘柄は必ず値上がりしますから、今のうちにぜひ買っておくべきです。絶対に損はさせませんから」、「この銘柄は将来値下がりが確実と言われていますので、高い値段が付いている間に売っておきましょう」など、証券の価格の騰落等について断定的判断を提供するときは、顧客においてそれを信頼して、慎重な判断をすることなく、投資決定をしてしまうおそれがある。そこで、金融商品取引業者等は、顧客に対して、不確実な事項について断定的判断を提供し、または確実であると誤解させるおそれのあることを告げて金融商品取引契約の締結を勧誘する行為が禁止される（**断定的判断の提供の禁止**。38条2号)。

断定的判断の提供による投資勧誘は行政処分の対象となる (52条1項6号・64条の5第1項2号)。これに加えて、他の法律によって、民事上の効果が発生することに注意が必要である。すなわち、投資勧誘を行うに際して、個人投資家に対して、将来における価額、将来において顧客が受け取るべき金額その他将来における変動が不確

第 4 章　業者の規制

実な事項について断定的判断を提供し，その結果，顧客が提供された断定的判断の内容が確実であると誤認した場合，当該顧客は，契約の申込みまたは承諾の意思表示を取り消すことができる（消費者契約法 4 条 1 項 2 号）。さらに，顧客に対して，不確実な事項について断定的判断を提供し，または確実であると誤認させるおそれのあることを告げる行為を行った場合，これによって生じた損害賠償の責任が発生する（金販法 4 条・5 条）。この場合，元本欠損額が，断定的判断の提供によって顧客に生じた損害と推定される（同法 6 条 1 項）。したがって，金融商品取引業者は，断定的判断の提供の事実と損害の発生の因果関係を否定できない場合，損害賠償責任を負うこととなる（前述のように，説明義務違反の場合にも同様の賠償責任を負う）。

　また，「この銘柄を買っていただき，万が一損が出た場合は，私どもがその損失を支払います」「その銘柄は，利回りが年 5 % を予想しており，これに満たない場合には差額を支払います」といった勧誘をする場合も，顧客の側で，慎重な判断をすることなく，投資契約を締結することが考えられる。しかも，このような**損失保証**や**利益保証**の履行は，金融商品取引業者等の経営の健全性を害するものである。他方で，それが履行されないときは，約束の履行を信頼した顧客の利益が害されることとなる。このような顧客の利益の侵害は，取引の相手方である金融商品取引業者等，さらには証券市場への信頼を失わせ，顧客の離反を招く可能性がある。そこで，これらの損失保証や利益保証を伴う投資勧誘は禁止されなければならない（39 条 1 項）。

　1991（平成 3）年に，当時の四大証券や準大手の証券会社などが，株式・債券相場の急落で大損をした大口法人投資家に対して，多額の損失補てんを行っていたことが報道された。また，これらの損失

178

2 投資勧誘規制

■損失補てんを伝える新聞記事

＊日本経済新聞 1991 年 7 月 29 日朝刊

補てんを受けた企業のリストもスクープされ，そこには日本の著名な企業名が並んでいた。この時期，バブル経済の破綻で，株価が急落し，日本中の投資者が損害を被っていた。しかし，一般投資家は自己責任を問われながら，大口の法人顧客のみがこのような優遇をされていた事実が明らかとなったのである。

第4章　業者の規制

　当時の証券取引法は，損失保証を伴う投資勧誘は禁止していたものの，損失補てん行為については規定を欠いていた。そこで，損失保証の約束はなく，損失補てんは，業者側が自発的に行ったもので違法性はないとの強弁がなされた。このような状況を受け，損失保証や利益保証の約束の履行としての損失補てんや利益補てんが禁止されるだけでなく，これらの約束がない場合にも，業者が損失補てんや利益補てんを行うことも禁止した。この規定は金融商品取引法に引き継がれている（39条1項）。

　なお，バブル経済の時代に，会社は，余剰資金を証券投資に振り向け（当時，「財テク」〔財務テクノロジーの略〕という言葉が流行った），その仲介を行った証券会社に多額の手数料収入をもたらした。バブル崩壊による株価急落によって損失を被った会社のなかには，バブル時代に与えた利益の見返りを求めて，損失補てんを要求したものもある。現行法では，顧客が，金融商品取引業者等に，損失保証・利益保証の約束，損失補てんの実行を要求することも禁止されている（39条2項）。

Column 28　広告の規制

　金融商品について，新聞，テレビ・ラジオ，インターネットなどによる広告が行われることがある。このようなものは，業者と相手方が「1対不特定多数」の関係に立つ。これに対して，勧誘は相手方が特定少数の関係に立つ（1対特定少数）ものと整理されてきた。金融商品取引法は，勧誘の場合は投資勧誘規制を定めて，広告については別の規制を定めている。もっとも，1対1の関係に立つ場合でも，結果的に相手方が多数に及ぶ場合も考えられる。たとえば，郵便やファックスを大量に送る場合や電子メールを送信する場合は，相手方を特定した上で多数のものに一斉に情報を提供することができる。このような場合には，広告規制も適用される（**広告類似行為**と言われる）。

広告（広告類似行為を含む）を行う場合は，利益の見込みなどについての誇大広告が禁止される（著しく事実に相違する表示をし，または著しく人を誤認させる表示の禁止。37条2項）。また，業者の名称，登録番号など必要な事項の表示が義務づけられ，さらに，広告事項について，文字・数字の大きさなどについても詳細な規制がある。

3　顧客財産の保護

　金融商品取引業者は，有価証券の売買などのために顧客から金銭や有価証券の預託を受けることがある（**有価証券等管理業務**）。有価証券の売買のための金銭のほか，信用取引のための委託保証金，先物取引のための委託証拠金などが金融商品取引業者に預託される。顧客は，便宜上，金銭または有価証券を金融商品取引業者に預託しているに過ぎない。そのため，金融商品取引業者が破綻した場合，顧客は自らの財産の返還を求める権利を有するはずである。

　かつては，顧客から預託された資産と金融商品取引業者（当時は証券会社）の資産が混合され管理されていた。一時的に顧客の資産を流用することも行われてきた。しかし，1995（平成7）年に，外資系のベアリング証券の破綻の際に顧客財産の返還が問題となり，この事件を契機として，顧客財産の管理方法の再検討を迫られた。そこで，1998（平成10）年の法改正で，金融商品取引業者は，顧客資産が適切かつ円滑に返還されるよう，顧客から預託を受けた有価証券および金銭を自己の固有財産と分別して管理しなければならないものとした（**分別管理義務**。現行43条の2第1項）。分別管理の状況については，金融商品取引業者は公認会計士または監査法人による監査の実施が義務づけられる（同条3項）。分別管理義務に違反した場合，2年以下の懲役もしくは300万円以下の罰金，またはこれら

第4章　業者の規制

■**顧客財産の分別管理と投資者保護基金の発動**

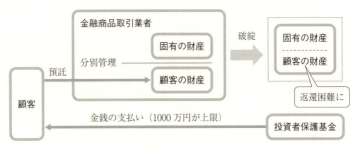

が併科される (198条の5第1号)。

　金融商品取引業者が顧客財産の分別管理を行っていれば，その破綻の場合にも顧客財産は確保される。しかし，破綻に瀕した金融商品取引業者であれば分別管理を怠り，それを流用する危険性がある。また，分別管理される顧客財産の計算は1週間に一度実施されることとなっており，破綻の時期によっては，すべての財産が確保されているとは限らない。そこで，金融商品取引業者が顧客に対する円滑な資産の返還を行うことが困難な状況にあるときに，その金融商品取引業者に代わって，顧客に対して，金銭の支払いを行う制度（**投資者保護基金**）が創設されている。金融商品取引業者は投資者保護基金に加入することが義務づけられる (79条の27第1項)。現在では，日本投資者保護基金が唯一の基金として存在している。

　投資者保護基金により，顧客に支払いがなされる金額は1000万円が上限となる。金融商品取引業者が顧客の財産を一時的に保管しているに過ぎないことを考えると，本来的には，預託した財産全額の返還を求めることができるはずである。1000万円の上限は，多額の支払いが生じた場合に投資者保護基金が枯渇することを考慮したものと解される。

4 紛争解決手段

　金融商品取引業者等と顧客との間で金融商品・サービスに関する紛争が生じることがある。この場合，顧客は裁判所にその救済を求めることができる。しかし，裁判を提起するには，代理人である弁護士に依頼するための費用がかかり，また，判決を得るまで時間が必要となる。裁判は原則公開のため，紛争の事実が明るみになることを躊躇する者もいるであろう。そこで，このような紛争を簡易・迅速に解決する手段として，**裁判外紛争解決制度**（**ADR**, Alternative Dispute Resolution）が注目されている。

　2004（平成16）年に，「裁判外紛争解決手続の利用の促進に関する法律」（ADR促進法）が制定された。これは民間事業者が，民事上の紛争について，当事者からの依頼を受けて，和解の仲介を行う手続きを規定したものである。この手続きを業として行う者は，法務大臣の認証を受ける必要があり，2008（平成20）年6月に，日本証券業協会がこの認証を受けた。

　さらに，2009（平成21）年に，金融商品取引法などの改正が行われ，金融分野における裁判外紛争解決制度（**金融ADR**）が創設された。金融ADRについては，一つの金融ADRが金融のすべての分野に生じた苦情・紛争を取り扱うことも考えられる。しかし，専門性の確保や紛争解決にかかる公平なコスト負担の問題があり，業態ごとに，金融ADRを導入することになった。金融ADRは，業界団体や自主規制団体の申請を受けて，内閣総理大臣が認定する。金融商品取引の分野では，特定非営利活動法人「**証券・金融商品あっせん相談センター**」（**FINMAC**, Financial Instruments Mediation Assistance Center）が第一種金融商品取引業についての紛争解決機関の指定を受けている。

第4章 業者の規制

■ FINMACのあっせん・苦情・相談の実施状況

実施状況　　　　　　　　　　　　　　　　　　　　　　　　　　件数

	あっせん	苦　情	相　談
平成28年度	152	1,226	6,736
平成27年度	140	1,374	7,616
平成26年度	110	629	9,065

勧誘に関する紛争の主なもの　　　　　　　　　　　　　　　　件数（％）

	説明義務違反	適合性の原則違反	誤った情報の提供
平成28年度	57 (37.5)	40 (26.3)	8 (5.3)
平成27年度	41 (29.3)	37 (26.4)	6 (4.3)

＊FINMACのウェブサイトより

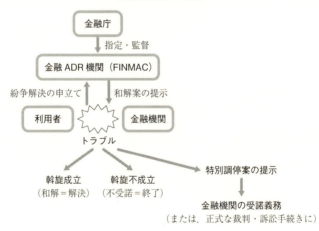

■金融ADRの仕組み

　顧客と金融商品取引業者の間でトラブルが発生した場合，両者はFINMACに対して紛争解決の申立てをすることができる（156条の49）。申立てを受けFINMACは，紛争解決委員を選任するが，こ

の委員は，人格が高潔で識見の高い者で，5年以上職務経験のある弁護士などから選ばれる。紛争解決委員のうち，少なくとも1名は，弁護士，認定司法書士または消費生活相談員でなければならない。

　紛争解決委員は，非公開の手続きで，当事者や参考人から意見を徴取して和解案を作成し，当事者に受諾の勧告を行う（156条の50第6項・7項）。当事者が和解案を受け入れた場合には，紛争解決手続きは終了する。和解が成立する見込みがないときは，紛争解決委員は特別調停案を作成し，理由を付して当事者に提示することができる（156条の44第2項5号）。特別調停案を顧客が受諾した場合は，金融機関側は原則としてこれを受諾しなければならない（同条6項）。特別調停案の受諾によって紛争解決手続きは終了する。

終章　金融商品取引法とは（再論）

1　目的規定から見た金融商品取引法の意義

　日本の法律には，最初に，**目的規定**を定めるものがある。特に，第二次世界大戦後に制定された法律にはその傾向が見られる。目的規定は，その法律の立法の概要や意義を簡潔に表現したもので，法律の制定趣旨の理解を容易にするために置かれる。さらに，目的規定は，その法律が定める条文の解釈を行う際の基本的指針を明らかにするものとしても重要な意義を有する。

　金融商品取引法1条は，以下の規定を定めている。

　　この法律は，企業内容等の開示の制度を整備するとともに，金融商品取引業を行う者に関し必要な事項を定め，金融商品取引所の適切な運営を確保すること等により，有価証券の発行および金融商品等の取引等を公正にし，有価証券の流通を円滑にするほか，資本市場の機能の十全な発揮による金融商品等の公正な価格形成等を図り，もつて国民経済の健全な発展及び投資者の保護に資することを目的とする。

　この目的規定は，最初に，「規制の内容」（A）の概要を述べた上で，これによって，達成しようとする「直接の目的」（B）を明らかにしている。その上で，「直接の目的」（B）によって実現する「究極の目的」（C）が掲げられている。

終章　金融商品取引法とは（再論）

■目的規定の構造

この法律は

> A（規制の内容）
> （ⅰ）企業内容等の開示の制度を整備するとともに
> （ⅱ）金融商品取引業を行う者に関して必要な事項を定め
> （ⅲ）金融商品取引所の適切な運営を確保すること等

により

> B（直接的な目的）
> （ア）有価証券の発行および金融商品等の取引等を公正にし
> （イ）有価証券の流通を円滑にするほか
> （ウ）資本市場の機能の十全な発揮による金融商品等の公正な価格形成等を図り

もって

> C（究極的な目的）
> （a）国民経済の健全な発展
> （b）投資者の保護に資すること

を目的とする

「規制の内容」（A）としては，三つのものが例示されている。（ⅰ）はディスクロージャーの整備で，投資者の投資判断に必要な情報の開示を求めるものである。本書では，第3章において，その内容を明らかにした。（ⅱ）は，いわゆる業法として，金融商品取引業に携わる業者規制を定めるものである。本書では，第4章において，特に，投資者保護の観点から重要な規定について説明を行った。そして，（ⅲ）は，投資者による証券売買の場として欠かせない金融商品取引所の運営に関する規定である。本書では，必要に応じて，各章のなかで，関係する内容を紹介した。なお，「規制の内容」（A）では，これらに加えて，最後に「等」と規定されている。具体的には，金融商品取引法では，不公正取引の禁止や企業買収の規制が定められており，これらについては，本書の第1章と第2章で，その

内容を明らかにした。

目的規定では，続いて，これらの規制内容により実現しようとする「直接的な目的」(B) が列挙されている。(ア)は，まず，有価証券の発行を公正に行わせるというものである。特に，発行者に適切な情報開示を行わせることが重要で，これにより，発行市場の健全な発展が期待できる。なお，金融商品取引法は，有価証券のみならずデリバティブ取引の規制を行う法律である。そのため，(ア)では，有価証券の発行に加えて，金融商品等の取引等の公正も，その目的に含めるものとされている。(イ)は，既発行証券の取引を円滑に行わせるというものである。流通市場での取引の円滑化は，発行市場の発展にも不可欠なことは既述の通りである。そして，(ウ)では，金融商品取引法の規制は，金融商品等の公正な価格形成に資するものとしている。このような目的は，証券取引法には存在せず，2006 (平成18) 年に，金融商品取引法に改組される際に追加されたものである。日本の経済発展に資本市場の十全な機能は不可欠である。特に，そこで形成される価格が，限りある資産の公正な分配に寄与する点が重要である。これには，情報開示のみならず，業者規制および不公正取引の規制など，金融商品取引法が定める諸規定が複合的に作用し，その目的を達成するものとなっている。価格形成の重要性を強調することで，金融商品取引法は「市場法」の一つであることを明言している。

最後に，「究極の目的」(C) として，(a)「国民経済の健全な発展」および (b)「投資者の保護」に資することが掲げられている。

(a)について，同様のものを目的とする法律がある。たとえば，独占禁止法は，「国民経済の民主的で健全な発達を促進することを目的とする」と定めている（独禁法1条）。不正競争防止法，特定商取引法なども，「国民経済の健全な発展に寄与することを目的とす

終章　金融商品取引法とは（再論）

る」ものである（不正競争防止法 1 条，特商法 1 条）。これらのように，(a)「国民経済の健全な発展」は，多くの経済法規に一般に共通して使われているものである。

　これまで，(a)「国民経済の健全な発展」と (b)「投資者の保護」という二つの目的のどちらを重視すべきかで，激しい学説の対立があった。第一の見解は，(a)「国民経済の健全な発展」は，いわば「枕詞」に過ぎず，法の達成すべき究極の目的は，(b)「投資者の保護」にあるとするものである。これに対して，第二の見解は，金融商品取引法の定める諸規定では，(b)「投資者の保護」の視点からだけでは説明がつかないものもあり，(a)「国民経済の健全な発展」も重要な目的と位置付けるべきというものである。第一の見解からは，「国家経済」「国民経済」という言葉は，そのときの政治によって都合よく利用されるおそれがあることから，これに積極的な意義を与えるべきではないとも言われていた（河本一郎「証券取引法の目的」法学教室 151 号〔1993 年〕65 頁）。これに対して，第二の見解は，たとえば，銀行・証券の分離規制などは，投資者の保護の観点から説明するのがは難しいことが理由として挙げられていた（神崎克郎『証券取引法〔新版〕』〔青林書院，1987 年〕34 頁。銀行から証券業務を分離する規定は，預金者の保護になっても，投資者の保護の視点からの説明が難しい）。この学説の対立（「河本・神崎論争」とも呼ばれた）は，日本の証券取引規制をめぐる論争のなかで最も有名なものの一つといえる。

2　広義の会社法

　前述のように，金融商品取引法の規制目的（究極の目的）として，「国民経済の健全な発展」にどれだけのウエイトを置くかについて諸説があるものの，その柱が「投資者の保護」であることに疑いは

ない。ここにいう「投資者」は，株主，社債権者など既存の証券保有者のみならず，これから証券保有を行おうとする者も含むものである。

　株主の保護については会社法が多くの規定を定めている。投資者に株主が含まれることから，金融商品取引法と会社法の関係が問題となる。証券取引法の時代に，同法は，会社法の前身である商法（平成17年改正前商法「第2編会社」など）の特別法に当たるとの立場が有力に唱えられていた（商法が「一般法」で，証券取引法が「特別法」）。特別法は，一般法の規定を補充または変更するものである。商法は，規模の大小を問わず，すべての株式会社を規制対象としていた。しかし，上場株式は，一定規模以上の会社が発行するもので，しかも，不特定多数の者により買付けまたは売付けされるものである。当時の商法の規定では，これらの者の保護を十分に図ることができなかった。特に，商法が定める情報開示は不十分で，株主保護のためにも，証券取引法による情報開示規制が不可欠と考えられていた。その後，企業再編に関する株主等への情報開示は，会社法によって格段に整備されるようになった。もっとも，証券発行に関する情報開示は，従来と変わらず，金融商品取引法上の規制が会社法上の規制を補充する関係は続いている。

　会社法は，会社の株主，経営者，債権者などの利益の調整を図る法律である。他方で，本書でも述べたように，金融商品取引法においても，近年の企業買収に関する規制（公開買付規制）の改正では，

191

終章　金融商品取引法とは（再論）

株主，買収の対象会社やその経営者の間の利益の調整を図ろうとする傾向が強まっている。これらの規制は，会社法と類似する性質を有するものである。たとえば，3分の1を超える議決権を取得する際に，公開買付けを強制する制度（強制的公開買付制度）は，一般株主にその株式の売却の機会を与えて保護しようとするものである。さらに，買付割合が3分の2以上となるような公開買付けの場合には，応募株式のすべてを買い付けなければならない規制もある（全部買付義務）。これは，高い割合での買付けがなされた場合，その株式は上場廃止となり，残された株主が売却の機会を失うという問題に対処し，これらの少数株主を保護するためのものである。このほか，公開買付規制には，買付価格の均一性，別途買付けの禁止など，株主の平等取扱いを確保するための規制が存在する。

さらに，金融商品取引法では，支配権争奪の場面で，議決権の代理行使を勧誘する際の特別の規制が定められている（委任状勧誘規制）。これは，株主に対して委任状の勧誘を行う場合に，法定の委任状用紙と参考書類の交付を義務づけるものである。このような規制は，株式の売買に関するものではなく，株主総会における議決権の行使に関するものであり，会社法に規定されてもよい類のものである。

金融商品取引法は，様々な内容を含む法律であるが，上記のような規定は，会社法とともに，「広義の株式会社法」を形成しているものと言える。特に，上場会社などについては，金融商品取引法の定める規制（さらに，金融商品取引所の自主規制を含めて）は，会社と

2 広義の会社法

して遵守すべき規制の一部を構成するもので，会社法の定める規制とあわせることにより，はじめて広義の会社法の全部を形成することとなる。換言すれば，会社の経営や運営の仕組みを理解するには，会社法のみならず，金融商品取引法の知識が不可欠な時代となっている。

Column 29　金融商品取引法と会社法のコラボレーション

　会社法を所管する省庁は法務省である。他方で，金融商品取引法を所管する役所は金融庁である。このような所管官庁の違いから，規制に重複が見られる部分も存在する。たとえば，日本の会計制度の大きな特徴は，会社法に基づくものと金融商品取引法に基づくものの二本立てとなっている点にあり（会社法会計と金商法会計と言われている），財務書類の監査についても，会社法と金融商品取引法によるものが必要である（金商法 193 条の 2，会社法 436 条 2 項。実務上は，同一の公認会計士・監査法人が担当している）。会社法会計と金商法会計には重複が見られ，それが相違すると，投資者・株主の間に混乱が発生する。そのため，これまでも，会計基準などについて，統一を図る調整がなされてきた。

　さらに，法律の条文においても，会社法のなかで，金融商品取引法の規制を参考にするものもある。たとえば，会社法では，株主総会の終了後，貸借対照表，損益計算書について公告しなければならない。もっとも，金融商品取引法の規定により有価証券報告書を提出しなければならない会社については，このような公告義務が免除される（会社法 440 条 4 項）。これは，会社法で公告が要求されるものについては，有価証券報告書で開示が予定されているからである。また，株式を発行する際に，会社法は一定の事項（募集事項）の開示を要求する（会社法 203 条 1 項）。もっとも，有価証券届出書で情報を開示している場合は，その通知・公告は不要となる（201 条 5 項）。さらに，金融商品取引法が定める目論見書を交付しているときは，通知は不要となる（203 条 4 項）。これらの会社法の規定は，金融商品

193

終章　金融商品取引法とは（再論）

取引法による開示により，株主等の保護が十分に図られていることによるものである。

3 「貯蓄から投資へ」の流れ

　日本銀行が公表している統計（資金循環統計）によれば，日本の個人の金融資産残高は 1845 兆円にのぼる（2017〔平成29〕年9月末）。個人が保有する金融資産の多くは銀行預金であり，上記統計によれば，現在でも，その割合は 51% を占めている。

　個人の預金が銀行を経由して，間接的に企業などへ融資されるシステム（間接金融）が，日本の経済成長を支える原動力であったことは間違いない。企業が破綻すると融資が焦げ付き，銀行経営の健全性が害される危険がある。もっとも，当時の大蔵省の指導による，いわゆる**護送船団方式**（速度の遅い船に合わせて船団が航行する方式）のもと，今の時代ほどの競争を免れていた時代では，銀行がこのような企業の破綻リスクを負担する余裕があった。

　しかし，いまや，**銀行不倒神話**は過去のものとなり，銀行も破綻する時代を迎えている。一部の銀行が経営危機に陥ったことで，他の銀行に信用不安が波及し，国の金融の仕組みが麻痺する危険性も指摘される（このようなリスクを「**システミック・リスク**」ということがある）。そこで，企業の経営リスクを銀行のみに負担させるのではなく，広く，国民もそれを担う金融システムへの移行が求められている。その手段として，株式などの証券投資を促進することが考えられる。これが，「貯蓄から投資へ」という政府の推進する政策の基本理念である。

　国民に投資を推奨し，自己責任で投資を行わせるためには，投資者保護法制の充実が不可欠である。この点でも，金融商品取引法が果たすべき役割はますます重要になっている。

194

あとがき

　「金融商品取引法のコンパクトな入門書があまりありません。ビジネスマンや学生が気軽に手にとれる本を書きませんか？」

　このような誘いを受けて4年以上が経過した。入門書は，その道を究めた達人が，豊富な経験・実績を踏まえて，道標を示すものである。私はそのような意味での入門書を書くことはできないが，読者に帯同し，金融商品取引法という世界の入口まで誘う（いざなう）ことはできるのではないか……。いささか変わった本書の表題は，このような気持ちを込めて付けたものである。もっとも，解脱（げだつ）の域にほど遠い修行僧の道案内で，金融商品取引法の世界の「門」まで読者を導くことができたかは心もとない限りである。評価は読者に委ねたい。

　先のお誘いは，㈱有斐閣書籍編集部の栁澤雅俊氏からいただいた。同氏には，その後，出版に至るまで，大変お世話になった。なかでも，原稿を精査の上，あえて初学者の視点からの適切なコメントを頂戴したことは本当に有り難かった。書物は著者と編集者との共同作業であることを改めて実感することができた。ここに記して，御礼を申し上げる。

　本書を閉じるにあたり，金融商品取引法（証券取引法）の発展を理論面から支え続けてこられた神崎克郎先生と河本一郎先生（いずれも元神戸大学名誉教授）に，謹んで，本書を捧げる。「入門」は，「師匠となる人の門に入る」という意味もある。若いころから，両先生の近くで，研究をする機会を与えられたことは，何ものにも代えがたい財産である。このような形でしか学恩に報いることができ

ない不肖の弟子を，「しゃあないな」と，天国から，暖かく見守っていただけることを願うばかりである。

2018 年 6 月

川 口　恭 弘

索　引

あ

アームズ・レングス・ルール……… *156*
ROE ……………………………………… *81*
IPO ……………………………………… *111*
青空法…………………………………… *1*
赤字主体………………………………… *137*
暗黒の月曜日…………………………… *1*
暗黒の木曜日…………………………… *1*
安定操作 ………………………………… *53*
按分比例での買付け ………………… *75*

い

ETF ……………………………………… *161*
意見表明報告書……………………… *71, 82*
委託売買手数料の自由化…………… *147*
委任状勧誘規制 ………………… *85, 192*
インセンティブ報酬 ………………… *22*
インターネット取引と説明義務…… *175*

う

売出し…………………………………… *114*
売りヘッジ……………………………… *170*

え

ADR ……………………………………… *183*
EDINET ………………………………… *97*
MBO……………………………………… *80*
エンロン事件…………………………… *124*

お

大蔵省…………………………………… *8*

か

外形基準 ………………………………… *99*

索引（右列）

会社関係者 ……………………………… *30*
（広義の）会社法…………………… *63, 192*
買いヘッジ……………………………… *170*
価格優先の原則 ………………………… *49*
仮装取引………………………………… *47, 50*
過怠金 …………………………………… *14*
課徴金 ………………………… *11, 37, 52, 128*
　　――（独占禁止法）………………… *12*
カネボウ事件…………………………… *125*
株価指数………………………………… *162*
株券等所有割合 ……………………… *66*
株券等保有割合 ……………………… *87*
株式所有構造…………………………… *100*
「株式投資の心は美人投票にあり」… *94*
兜町（シマ）…………………………… *4*
株主割当………………………………… *110*
「神の見えざる手」…………………… *42*
空売り…………………………………… *20, 44*
監査証明………………………………… *123, 127*
監査レビュー…………………………… *123*
間接開示 ………………………………… *97*
間接金融………………………………… *138*
監督指針 ………………………………… *16*

き

企業情報 ……………………………… *97, 120*
偽　計 …………………………………… *53*
議決権行使結果の開示………………… *106*
議決権行使助言会社 ………………… *81*
記載上の注意 ………………………… *16*
北浜（ムラ）…………………………… *4*
競合的公開買付け ……………………… *76*
行政処分 ………………………………… *13*
強制的公開買付け …………………… *64, 192*
競争売買 ………………………………… *49*

197

業態別子会社······················ 155
共同訪問······················ 156
共同保有者 ······················ 87
業　法······················ 5
業務執行を決定する機関 ············ 33
緊急停止命令 ······················ 13
銀行休日······················ 150
銀行・証券の垣根論争············ 151
銀行不倒神話······················ 194
「銀行よ，さようなら，証券よ，こんに
　ちは」 ······················ 145
銀証分離······················ 150
金融 ADR ······················ 183
金融サービス市場法············ 141
金融サービス法············ 141
金融商品仲介業············ 158
金融商品取引業協会············ 7
金融商品取引業者等············ 155, 167
金融商品取引所 ············ 6, 48
金融商品販売法············ 143, 174
金融庁······················ 9
金融ビッグバン············ 141
　日本版── ············ 142, 146, 152
金融持株会社············ 155

く

組込方式······················ 120
クラウドファンディング············ 163
グラス＝スティーガル法············ 150
グリーンメーラー ············ 89
クロクロ取引······················ 29
黒字主体······················ 137

け

形式的特別関係者 ············ 66
継続開示······················ 98
軽微基準······················ 28
ケインズ ······················ 94

こ

公開買付け······················ 59, 62
　競合的── ············ 76
　強制的── ············ 64, 192
　自己株式の取得と── ············ 63
公開買付開始公告 ············ 69
公開買付者等関係者 ············ 34
公開買付説明書 ············ 69
公開買付届出書 ············ 69
公開買付報告書 ············ 73
広義の会社法 ············ 63, 192
広義の適合性の原則 ············ 173
公告類似行為 ············ 180
公　表 ······················ 35
公表日······················ 132
交付目論見書 ············ 122
公　募······················ 110
コーポレートガバナンス・コード··· 103
国営企業の民営化············ 115
国債の窓口販売············ 151
国民経済の健全な発展············ 189
護送船団方式············ 194
固定手数料体系············ 147
5％ ルール ············ 84
　自己株式と── ············ 86
コマーシャル・ペーパー············ 152
コンプライ・オア・エクスプレイン
　······················ 104

さ

サーベンス＝オクスリー法············ 124
再勧誘の禁止············ 169
財テク······················ 180
裁判外紛争解決制度············ 183
財務局······················ 10
差額説······················ 129
先物取引······················ 170
作為的相場形成 ············ 55

参照方式……………………… *120*
3分の1ルール ………………… *65*
山陽特殊製鋼事件……………… *128*

し

私売出し………………………… *116*
J-SOX法 ………………………… *125*
時価総額 ………………………… *44*
時間優先の原則 ………………… *49*
自己株式
　──と5%ルール ……………… *86*
　──の取得と公開買付け ……… *63*
　──の処分と募集・売出し……… *116*
自己責任の原則 …………… *5, 93, 166*
自主規制………………………… *6, 167*
システミック・リスク………… *194*
私設取引システム……………… *149*
実質的共同保有者 ……………… *87*
実質的特別関係者 ……………… *66*
仕手筋 …………………………… *43*
支配権プレミアム ……………… *65*
四半期報告書…………………… *106*
私　募 …………………………… *112*
事務ガイドライン ……………… *16*
集団投資スキーム……………… *163*
重要事実 ………………………… *32*
重要提案行為等 ………………… *91*
受託契約準則…………………… *147*
取得勧誘類似行為……………… *117*
取得自体損害説………………… *130*
証券恐慌………………………… *145*
証券・金融商品あっせん相談センター
　…………………………………… *183*
証券情報 ………………………… *97*
証券取引等監視委員会 ………… *8*
証券の民主化…………………… *2*
上場廃止 …………………… *14, 134*
少人数私募……………………… *112*
情報受領者 ……………………… *38*

情報伝達者 ……………………… *39*
所属金融商品取引業者………… *158*
知る前契約・知る前計画 ……… *41*
新株予約権 ……………………… *46*
新株予約権付社債 ……………… *46*
信認義務理論 …………………… *25*

せ

請求目論見書…………………… *122*
政策保有株式…………………… *103*
誠実公正の原則………………… *166*
西武鉄道事件…………………… *134*
説明義務………………………… *172*
　──（金融商品販売法） ……… *174*
　インターネット取引と── ……… *175*
攻めのガバナンス……………… *103*
潜在株式 ………………………… *88*
潜在議決権 ……………………… *66*
選択的開示 ……………………… *95*
全部買付義務 ………………… *79, 192*

そ

SOX法 …………………………… *124*
損失保証・利益保証…………… *178*

た

待機期間………………………… *119*
第三者割当…………………… *111, 113*
対質問回答報告書 ……………… *72*
タイムリー・ディスクロージャー… *107*
大量推奨販売 …………………… *54*
大量保有報告書 ………………… *84*
大和銀行事件…………………… *124*
高値取得損害説………………… *130*
他社株転換条項付社債 ………… *55*
立会外取引 ……………………… *68*
縦割り規制……………………… *141*
「卵は一つのカゴに盛るな」……… *160*
短期大量譲渡 …………………… *89*

199

タンス預金······························ *137*
断定的判断の提供の禁止··············· *177*

ち

注意喚起制度··························· *110*
提　灯······························ *43, 59*
直接開示······························· *98*
直接金融······························ *139*
貯蓄から投資へ························ *194*

て

TOB·································· *62*
TDnet································ *107*
ディスカウント TOB··················· *76*
ディスカウント・ブローカー··········· *147*
適格機関投資家······················· *114*
適格機関投資家取得有価証券一般勧誘
　································· *117*
適格機関投資家等特例業務··········· *165*
適格機関投資家向け私募············· *114*
適合性の原則························· *168*
　広義の――······················ *173*
適時開示····························· *107*
適時開示情報閲覧サービス··········· *107*
敵対的買収··························· *60*
デリバティブ························· *169*
デリバティブ預金····················· *143*
転換社債型新株予約権付社債········ *46*
Tender offer ························ *62*

と

投資サービス法······················ *143*
投資者の保護························· *189*
投資者保護基金······················ *182*
投資信託····················· *122, 153, 160*
――の窓口販売····················· *153*
東証株価指数························· *162*
登録金融機関···················· *154, 160*
特定投資家··························· *167*

特定売買等··························· *68*
特別関係者··························· *66*
特別調停案··························· *185*
独立当事者間取引····················· *156*
特例報告······························· *90*
ToSTNeT 取引 ························ *68*
飛ばし取引··························· *128*
TOPIX ······························ *162*
取引参加者···························· *48*
取引所集中義務······················· *149*
取引推奨······························· *40*

な

内閣府令······························· *15*
内部統制システム····················· *124*
内部統制報告書······················· *125*
馴合取引··························· *47, 50*

に

二重処罰の禁止 ······················ *12*
二段階買収 ··························· *78*
日銀特融····························· *145*
日経平均株価························· *162*
日本証券業協会··············· *7, 167, 183*
日本版金融ビッグバン····· *142, 146, 152*
認可金融商品取引業協会················· *7*

の

ノーリターン・ルール················· *156*

は

バスケット条項 ······················ *33*
半期報告書··························· *105*
犯則事件 ····························· *11*

ひ

PTS 取引 ···························· *149*
引受け······························· *112*
引受シンジケート団··················· *112*

索　引

ふ

ファイアー・ウォール………………	*155*
FINMAC …………………………	*183*
風説の流布………………………	*44, 50*
フェア・ディスクロージャー・ルール
………………………………………	*96*
不公正ファイナンス ………………	*53*
不実告知・表示の禁止……………	*176*
不招請勧誘の禁止…………………	*169*
不正流用理論 ………………………	*26*
不動産投資信託……………………	*160*
ブランダイス ………………………	*96*
プレミアム …………………………	*69*
プロキシー・ファイト ……………	*85*
プロ私募…………………………	*114*
プロ向けファンド…………………	*165*
分別管理義務………………………	*181*

へ

ペコラ委員会………………………	*150*
別途買付けの禁止 ………………	*74, 192*
変額保険……………………………	*142*
変更報告書…………………………	*84, 88*
変動取引 ……………………………	*51*

ほ

包括条項……………………………	*28, 33*
防戦買い ……………………………	*41*
募　集………………………………	*112*
ホワイト・ナイト…………………	*41, 71*

ま

| 守りのガバナンス………………… | *103* |

み

未公表情報の授受…………………	*157*
見せ玉 ………………………………	*49*
みなし共同保有者 …………………	*88*
みなし有価証券 ……………………	*23*

も

| 目論見書 ………………………… | *98, 121* |

や

| 役員報酬の開示…………………… | *104* |
| 山一証券の経営破綻……………… | *145* |

ゆ

誘引目的 ……………………………	*51*
優越的な地位の不当利用…………	*157*
有価証券通知書……………………	*117*
有価証券等管理業務………………	*181*
有価証券届出書……………………	*117*
有価証券報告書 ……………………	*99*
ユニバーサルバンキング制度………	*155*

よ

| 預金との誤認防止………………… | *154* |

り

リーク記事 ………………………	*36, 109*
REIT ………………………………	*160*
両罰規定…………………………	*11, 52, 127*
臨時報告書…………………………	*106*

わ

| ワンストップ・ショッピング……… | *159* |

201

〈著者紹介〉

川口 恭弘（かわぐち やすひろ）

同志社大学法学部教授

[略歴]
神戸大学法学部卒業
同大学大学院法学研究科進学
愛媛大学法文学部助教授，神戸学院大学法学部教授を経て，現職

法学博士（神戸大学）
金融庁・金融審議会委員

[主な著書]
『金融機関の私企業性と公益性——銀行規制法と会社法の交錯』
　（有斐閣，2022 年 3 月）
『アメリカ銀行法』（弘文堂，2020 年 12 月）
『新・日本の会社法〔第 2 版〕』（共著，商事法務，2020 年 10 月）
『現代の金融機関と法〔第 5 版〕』（中央経済社，2016 年 1 月）
『新・金融商品取引法読本』（共著，有斐閣，2014 年 12 月）
『金融商品取引法』（共著，青林書院，2012 年 4 月）

金融商品取引法への誘い
Introduction to Japanese Securities Regulation

2018 年 8 月 5 日　初版第 1 刷発行
2023 年 6 月 10 日　初版第 2 刷発行

著　者　　川　口　恭　弘
発行者　　江　草　貞　治
発行所　　株式会社 有　斐　閣
　　　　　郵便番号 101-0051
　　　　　東京都千代田区神田神保町 2-17
　　　　　https://www.yuhikaku.co.jp/

印刷・大日本法令印刷株式会社／製本・牧製本印刷株式会社
©2018, Yasuhiro Kawaguchi. Printed in Japan
落丁・乱丁本はお取替えいたします。
★定価はカバーに表示してあります。
ISBN 978-4-641-13797-4

|JCOPY| 本書の無断複写（コピー）は，著作権法上での例外を除き，禁じられています。複写される場合は，そのつど事前に，(一社)出版者著作権管理機構（電話03-5244-5088，FAX03-5244-5089，e-mail:info@jcopy.or.jp）の許諾を得てください。